STÉPHANE LAMBIEL
ステファン・ランビエル

新書館

氷の上に出るとき、ぼくはいつも
観客のみなさんにすべてを差し出すことだけを考える。
自分のなかで感じていることをすべて表現するのだ。
毎日が新しい日々であり、
ぼくはつねに新しい経験を積み、
それをみなさんにお見せしてきた。
こうして歩んできたぼくのスケート人生。
これからも、ぼくは歩み続ける──

CONTENTS

PHOTO 2002-2011 6

マイ・ストーリー 65
ランビエル、自らのスケート人生を語る

I
スイスに生まれる 66／フィギュアスケートとの出会い 67
ペーター・グルッター・コーチ 70／子ども時代の練習 72
国際舞台へのデビュー 74／姉シルヴィア、弟クリストフ 75
母のこと 76／学校での日々 77

II
初めての国際試合 79／ソルトレイクシティ冬季オリンピック 81
オリンピックの後、ぼくは進歩した 84／モスクワ世界選手権で初優勝 85
ぼくのミューズ、サロメ 87／トリノでの挑戦 89
カルガリー世界選手権での最高の演技 93／「ポエタ」――新しいステップへ 94
つらい時期を越えて 96／ダンス・レッスン 98
引退、そして再び競技の世界へ 99／バンクーバーでの挑戦 102

III
ローザンヌでの暮らし 104／プログラムを作る 106
採点について 108／「アート・オン・アイス」 109
ミスター・マカベ 110／荒川静香との共演 111
髙橋大輔、デニス・テンへの振付 112／未来へのヴィジョン 116

ぼくが愛するプログラム10 118

PROGRAMS 125

RESULTS 126

2010年ファンタジー・オン・アイス新潟公演「椿姫」 ©N.Tanaka/Japan Sports
扉：2010年バンクーバー冬季オリンピック エキシビション ©M.Sugawara/Japan Sports
2-3頁：2008年チャンピオンズ・オン・アイス「ポエタ」アントニオ・ナハーロと ©N.Tanaka/Japan Sports

2006年カルガリー世界選手権で2度目の世界王者に
©M.Sugawara / Japan Sports

「四季」(2006年世界選手権FS)
©M.Sugawara / Japan Sports

2006年世界選手権でSP「ドラリオン」を滑り終えて
©M.Sugawara/Japan Sports

2006年トリノ冬季オリンピックSPの演技
©M.Sugawara / Japan Sports

「キング・アーサー」(2005年世界選手権FS) ©M.Sugawara / Japan Sports
左頁:2005年モスクワ世界選手権で初の世界チャンピオンに輝く ©M.Sugawara / Japan Sports

2005年ヨーロッパ選手権で4位に入賞　©M.Sugawara / Japan Sports
右頁：2005年世界選手権SP「スパニッシュ・キャラヴァン」　©M.Sugawara / Japan Sports

2002年、長野で行われた世界選手権に初出場　©M.Takahashi/ Japan Sports

2002年、初めての五輪、ソルトレイクシティ冬季オリンピックで15位 ©M.Sugawara/Japan Sports

2003年ワシントン世界選手権SP　©M.Sugawara/Japan Sports　右頁：2003年世界選手権FS「ショコラ」　©M.Sugawara/Japan Sports

4位に入賞した2004年ドルトムント世界選手権
©M.Sugawara / Japan Sports

2006年トリノ冬季オリンピックで銀メダルを獲得　©M.Sugawara / Japan Sports

2006年トリノ冬季オリンピックSP
©M.Sugawara / Japan Sports

2006年トリノ冬季オリンピックFS
©M.Sugawara / Japan Sports

FSを滑り終えて（2006年トリノ冬季オリンピック）
©M.Sugawara / Japan Sports

パラヴェラ競技場でスイス国旗を掲げて応援（2006年トリノ冬季オリンピック） ©M.Sugawara / Japan Sports

トリノ冬季オリンピックSPのキス・アンド・クライ。コリオグラファーのサロメ・ブルナー、コーチのペーター・グルッターと
©M.Sugawara / Japan Sports

2006年カルガリー世界選手権FS ©M.Sugawara/Japan Sports
右頁：会心のFSを滑り終えて、喜びを爆発させる（2006年世界選手権） ©M.Sugawara/Japan Sports

2006年、日本のドリーム・オン・アイスに初登場　©N.Tanaka / Japan Sports
左頁：エキシビションでのリラックスした表情（2006年世界選手権）　©M.Sugawara / Japan Sports

2007年東京世界選手権FSの最終グループ　©N.Tanaka / Japan Sports

2007年東京世界選手権SP ©M.Sugawara / Japan Sports
右頁：2007年世界選手権FS ©M.Sugawara / Japan Sports

2007年世界選手権FS　©N.Tanaka / Japan Sports
左頁：2007年世界選手権FS
©M.Sugawara / Japan Sports

2007年東京世界選手権で3位 ©M.Sugawara / Japan Sports
右上：FSを滑り終えて ©M.Sugawara / Japan Sports
右下：FSのキス・アンド・クライで ©N.Tanaka / Japan Sports

左2点とも：2007年世
界選手権の公式練習にて
©N.Tanaka / Japan Sports

2007年カップ・オブ・ロシア SP ©N.Tanaka / Japan Sports

2008年ヨーロッパ選手権SP
©N.Tanaka / Japan Sports

2007年カップ・オブ・ロシアEX「ロミオとジュリエット」
愛のテーマ」 ©N.Tanaka / Japan Sports

2008年ヨーテボリ世界選手権EX　©M.Sugawara/Japan Sports
右頁：2008年チャンピオンズ・オン・アイスでのグループナンバー「カルメン」
©N.Tanaka/Japan Sports

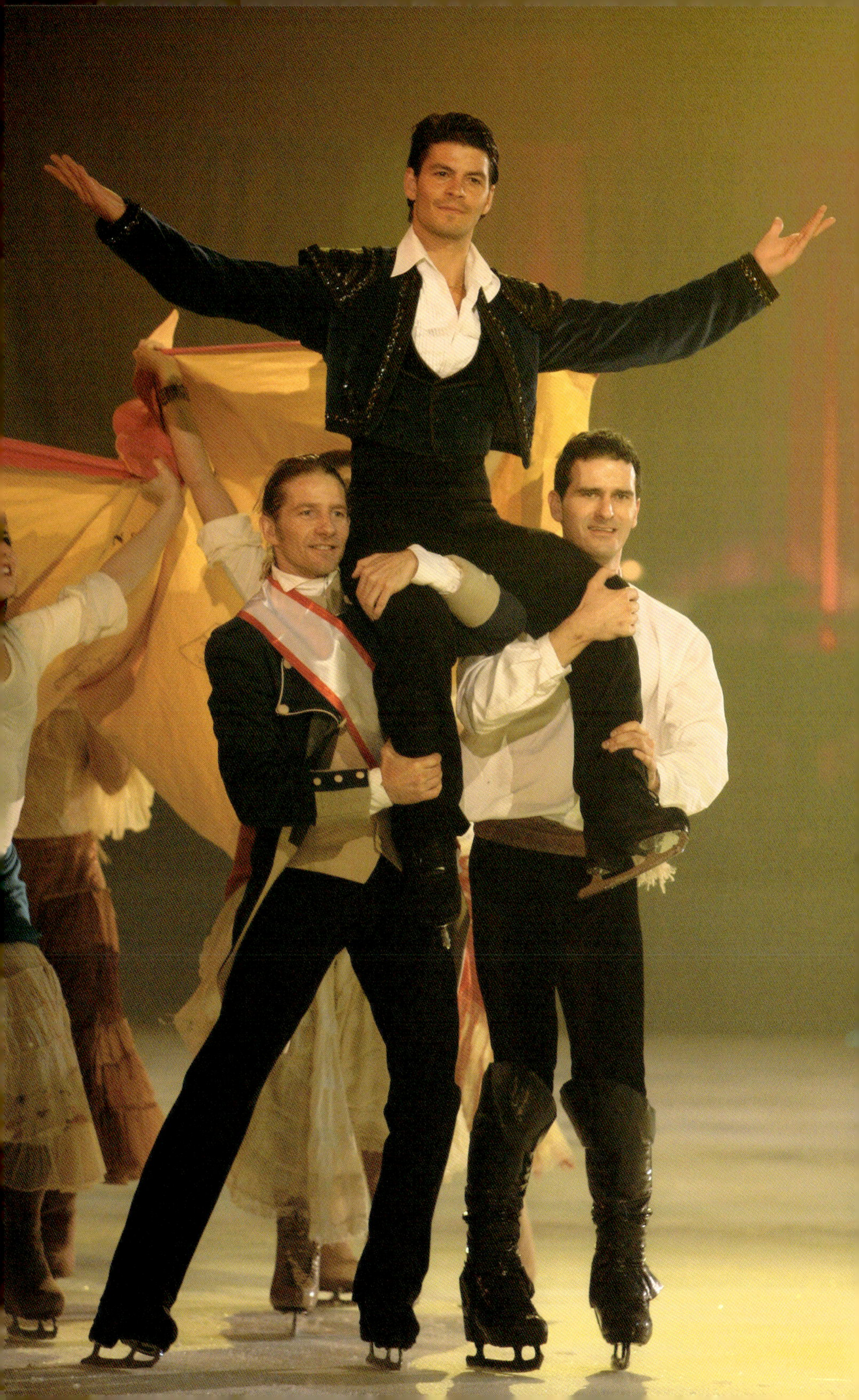

2009年ジャパンオープン「ブエノスアイレスの秋」 ©N.Tanaka / Japan Sports

2009年ネーベルホルン・トロフィー SP「ウィリアム・テル序曲」
©M.Sugawara / Japan Sports

2009年ジャパンオープン
©M.Sugawara/Japan Sports

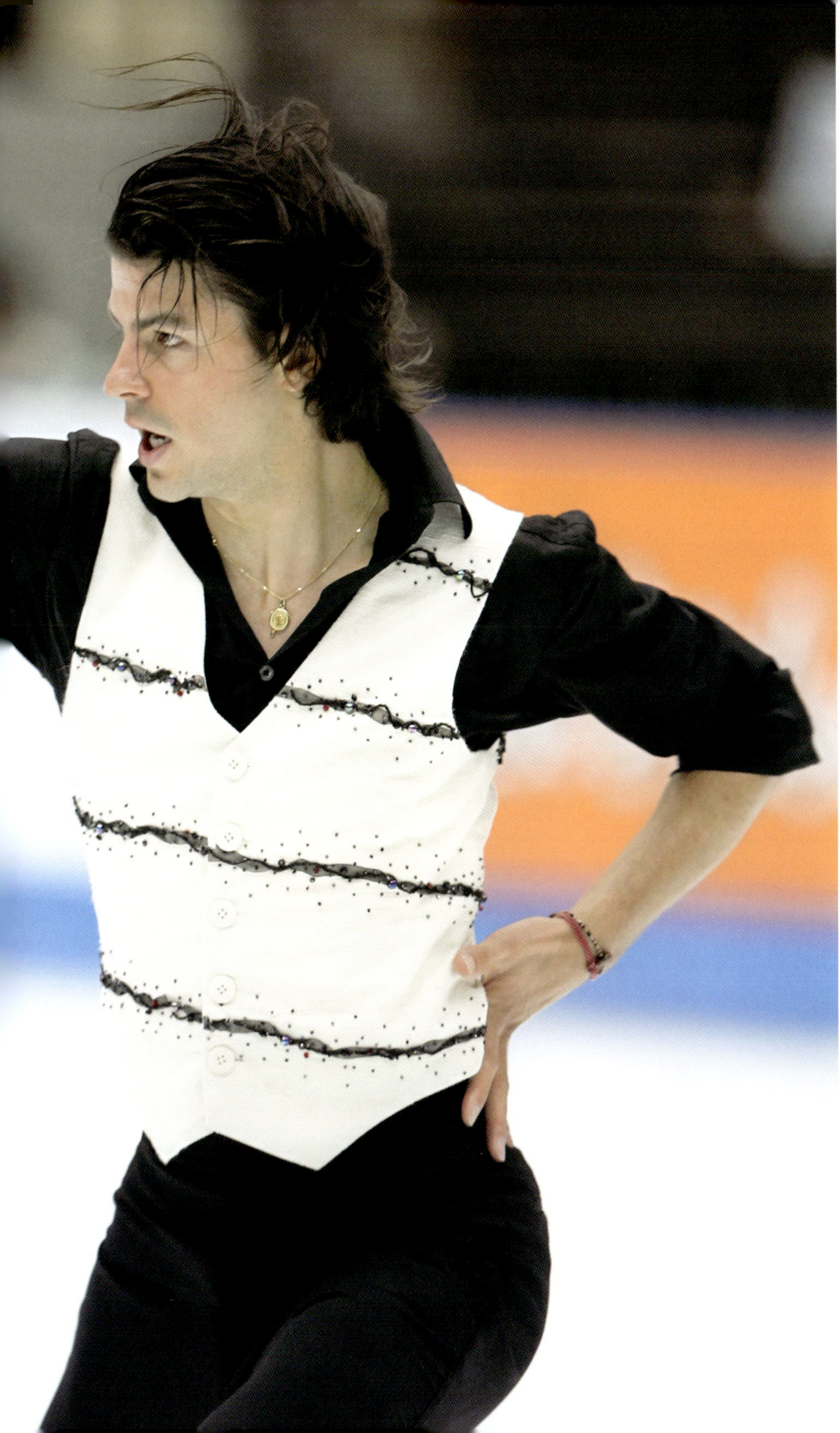

2010年ヨーロッパ選手権SP
©N.Tanaka / Japan Sports

2010年ヨーロッパ選手権FS「椿姫」
©N.Tanaka / Japan Sports

2010年、3度目の五輪となるバンクーバー冬季オリンピックに出場　©N.Tanaka / Japan Sports

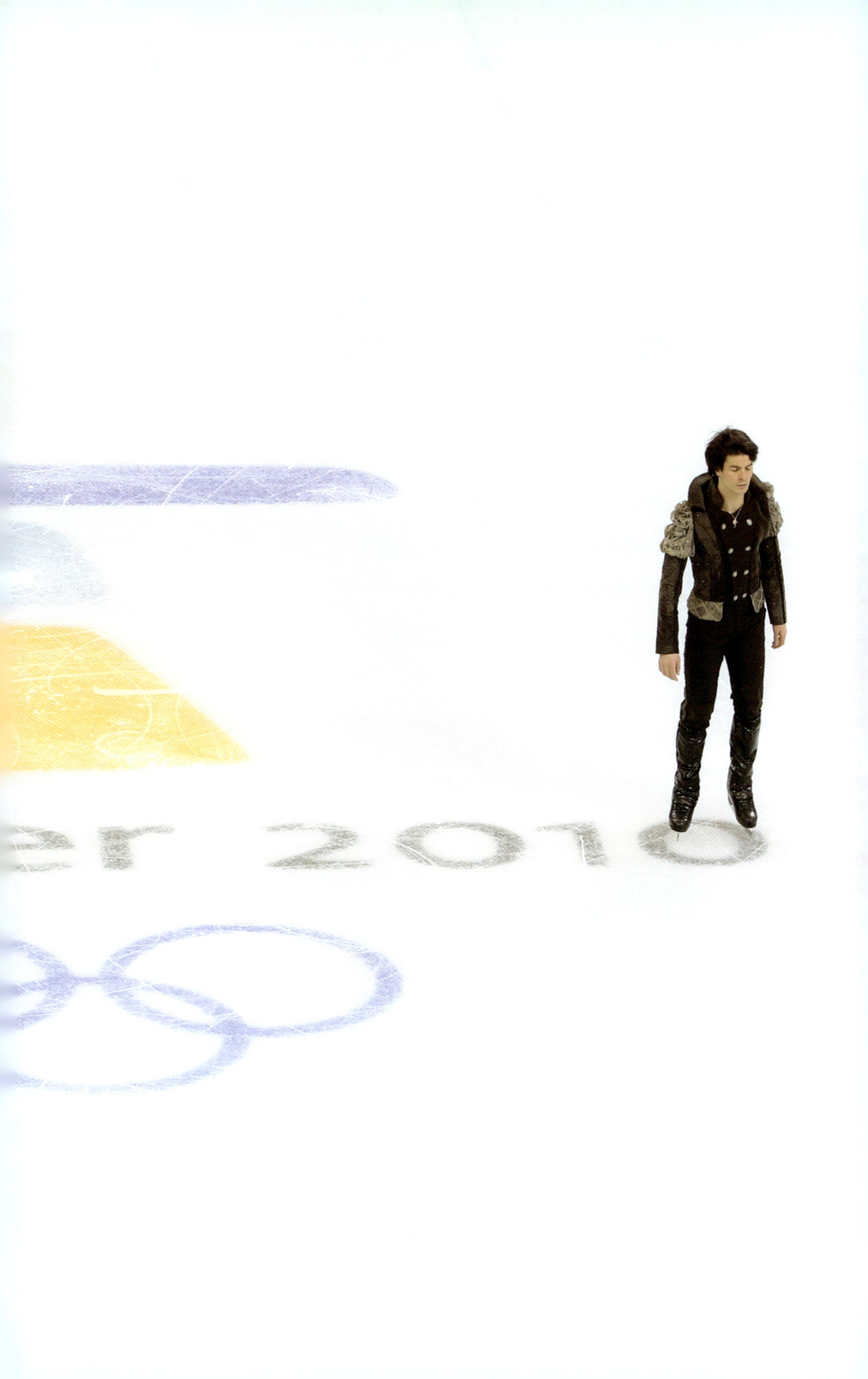
er 2010

2010年バンクーバー冬季オリンピック SP「ウィリアム・テル序曲」
©M.Sugawara / Japan Sports

上：2010年バンクーバー冬季オリンピックSP
©M.Sugawara / Japan Sports

左：2010年バンクーバー冬季オリンピックSPでのキス・アンド・クライ ©N.Tanaka / Japan Sports

2010年バンクーバー冬季オリンピックFS
©M.Sugawara / Japan Sports

2010年バンクーバー冬季オリンピックFS「椿姫」
©N.Tanaka / Japan Sports

上：2010年バンクーバー冬季オリンピックFS
©N.Tanaka / Japan Sports

右：2010年バンクーバー冬季オリンピックEX
「Ne me quitte pas」
©M.Sugawara / Japan Sports

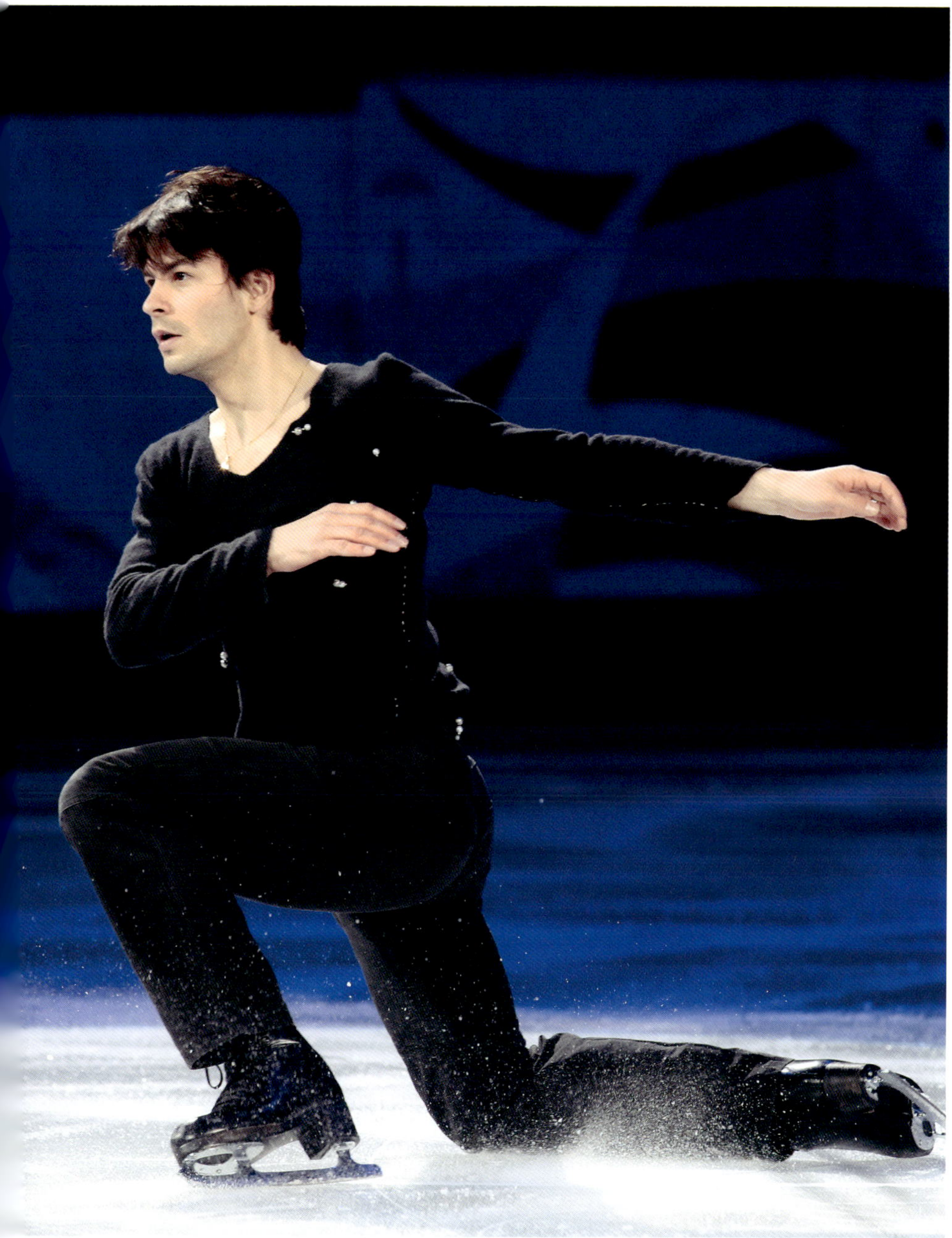

2010年ファンタジー・オン・アイス新潟公演　©N.Tanaka / Japan Sports
右頁:2010年ファンタジー・オン・アイス新潟公演　荒川静香とのコラボレーション
©N.Tanaka / Japan Sports

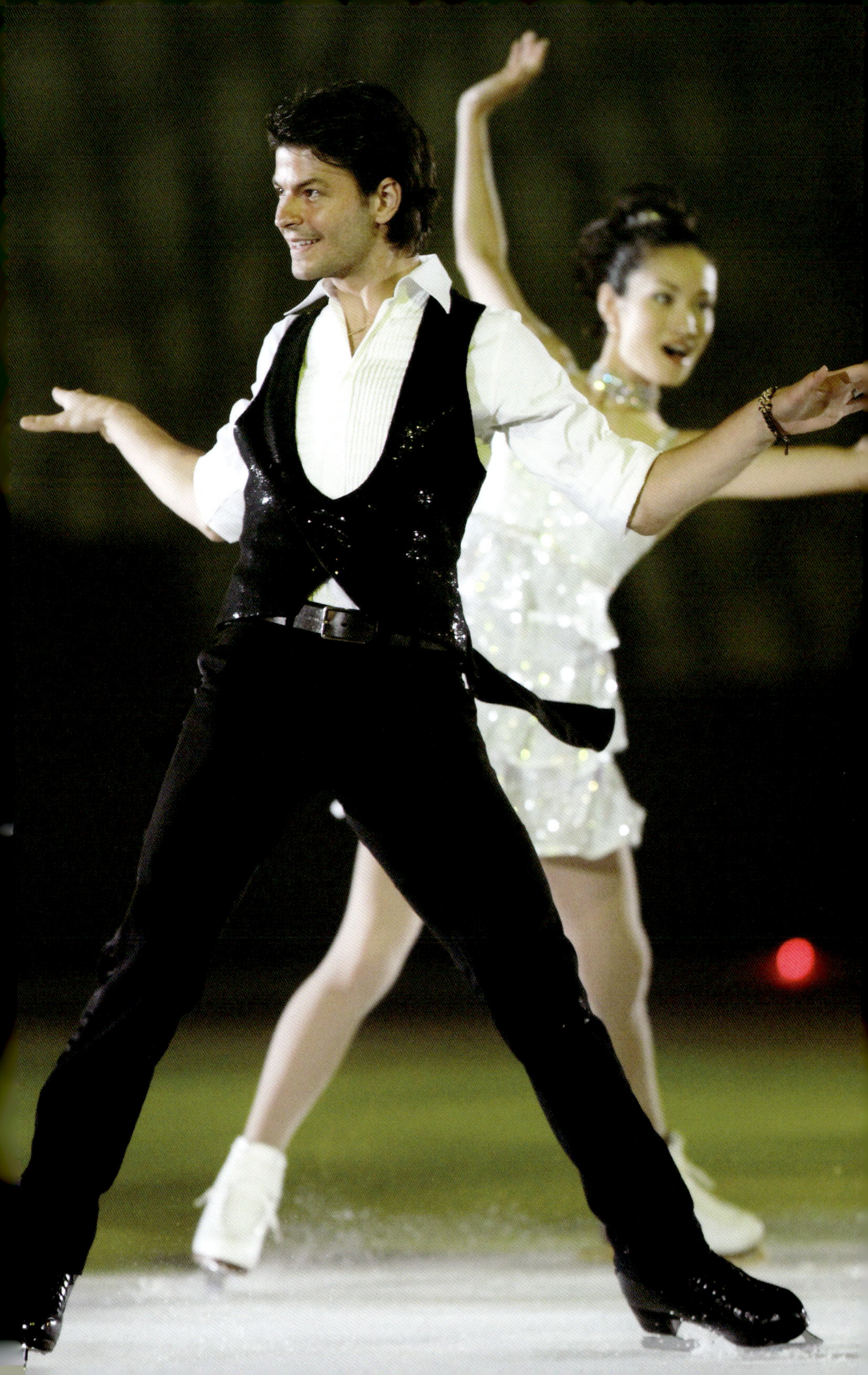

2010年アート・オン・アイス チューリヒ公演。キャサリン・ジェンキンスと共演
©M.Sugawara/Japan Sports

上2点とも：2010年アート・オン・アイス チューリヒ公演 ©M.Sugawara / Japan Sports

2010年アート・オン・アイス チューリヒ公演 ©M.Sugawara/Japan Sports

2010年アート・オン・アイス チューリヒ公演 ©M.Sugawara / Japan Sports

2005年モスクワ世界選手権で初優勝。一躍、世界中の注目を集める　©M.Sugawara / Japan Sports

2006年、カルガリーで2度目の世界タイトルを獲得　　©M.Sugawara / Japan Sports

2005年、東京グランプリファイナルにて　©N.Tanaka / Japan Sports

2005年グランプリファイナルで優勝。コリオグラファーのサロメ・ブルナー、コーチのペーター・グルッターと
©M.Sugawara / Japan Sports

2009年ネーベルホルン・トロフィーで優勝 ©M.Sugawara / Japan Sports

左2点とも：2007年カップ・オブ・チャイナにて。
ステファンが表紙を飾った「ワールド・フィギュア
スケート」(新書館)を手に応援するファンたち
©N.Tanaka / Japan Sports

63

2010年、ダイヤモンド・アイスでの「椿姫」
©N.Tanaka / Japan Sports

マイ・ストーリー

ランビエル、自らのスケート人生を語る

I

スイスに生まれる

　ぼくは、1985年4月2日、スイスのマルティニに生まれた。

　マルティニは、アルプスの心臓部とも呼ばれるスイス南西部ヴァレー州の町だ。ヴァレー地方はローマ時代から北と南を結ぶ交通の要衝として栄え、マルティニにも多数の遺跡が遺されている。

　父ジャックは同じヴァレー州の山村イゼラブルの生まれ。母フェルナンダはポルトガルの首都リスボンの出身だ。

　まず2人の出会いから話そう。

　1970年代後半から80年代初めにかけて、経済危機に陥ったポルトガルからスイスに大勢の人が仕事を求めてやってきた。母もその1人だった。

　母は親戚を頼ってスイスを訪れ、3ヵ月間の仕事を見つけた。そのときに母は父と出会ったのだった。3ヵ月後、ビザが切れたため母はポルトガルに戻

ことになったが、母と恋に落ちた父はポルトガルまで車で追いかけ、母にプロポーズしたのだ！　母はスイスに戻り、2人は結婚した。

　2人の間にはまず姉シルヴィアが生まれ、3年後にぼく、その4年後に弟クリストフが誕生した。ぼくらはマルティニにほど近いサクソンで育った。アプリコットの産地として有名なところだ。

フィギュアスケートとの出会い

　フィギュアスケートとの出会いは7歳のとき。ストーリーはいたってシンプル。まず母が姉シルヴィアにフィギュアスケートを習わせた。母はよくフィギュアスケートを見ていたのだ。

　母は毎回、姉の練習にぼくも連れて行った。女の子たちが滑っているのをぼくはずっと見ていた。滑っているのは女の子だけだったから、たぶん男の子にはできないのだろうと思っていた。でも同時に、もし自分がスポーツをやるなら、フィギュアスケートをやりたいとも感じていた。なぜなら、テレビで見ていても、フィギュアスケートには"表現"があった。他のスポーツでは、タイムや競争相手を打ち負かすことのほうに大きな意味があったりする。でも、このスポーツだったら自分自身を表現することができる。ぼくはリンクの中心に立ち、観客に向き合いたかった。フィギュアスケートにおいて、そのことがぼくにもっとも強い印象を与えたのだ。

　ぼくは母に自分もフィギュアスケートをやりたいと頼んだ。しかし、答えは「ノー」だった。「スケートを

やりたいのなら、アイスホッケーチームで男の子と一緒にやりなさい」と言う。

それはぼくが承知しなかった。ぼくにしてみれば、それはありえない。母はおそらく父に尋ねるのが怖かったのだろう。母は内心ではぼくにフィギュアスケートをやらせたかったのだと思う。けれど、フィギュアスケートを習っているのが女の子だけなのを見ていたから、父に話したくなかったのだ。それでもぼくが何度も何度も頼むものだから、母はとうとう父に相談した。すると母が驚いたことに、父はこう言った。

「ステファンがやりたいのなら、スケートをさせてあげるべきだ」

父の決断に母は喜んだ。こうしてぼくはスケートを始めた。

最初に立ったリンクは、マルティニのアイスリンクだった。初めて滑ったときのことはよく覚えている。ふつう子どもは氷の上にスケート靴で立てるようになるために補助具を使う。でも、ぼくはそれが嫌だった。そんな助けなどほしくなかった。ぼくは氷の上に立つとすぐ、「センターに行きたい」と言った。リンクの真ん中で滑れるようになりたかった。ぼくはあそこに立つんだと心に決めていた。フィギュアスケートへのぼくの思いは、最初からステージに立つということにあったのだから。

でもそれはとても不思議なことでもあった。それまでランビエル家では父をはじめレスリングをやる者なら何人もいたけれど、アーティスティックなものに携わった者は周囲にはひとりもいなかったからだ。ぼくの故郷では、芸術は決してポピュラーなものでは

なかった。実際にショーを見る機会もなかった。テレビでフィギュアスケートを見ることだけが、ぼくの芸術に関する唯一のインスピレーションだったのだ。ぼくが最初に見たフィギュアスケートの映像は1991年の世界選手権。6歳のときだった。

　家族のなかで誰もぼくのような情熱を持っていなかったのは不思議だけれど、同時にとても面白い気もする。一度ぼくが育ったサクソンに行ってもらえたらわかるだろう。みんな目を疑うかもしれない。とても小さな村で、アイスリンクもない。人口はわずか3000人。「ステファンがどうしてこんなにアーティスティックになったのかわからない」と姉からよく言われるくらいだ。

　ただ、ひとつ面白いエピソードがある。

　じつはそもそもランビエル家のルーツはアラブだというのだ。昔、アラブ人がヨーロッパまで旅して、スイスの山のなかの小さな村イゼラブルを見つけ、その地に留まった。父をはじめランビエル家の者はみなこの村から降りてきたのだ。第一、ランビエルという名前もスイスの名前ではなく、スイス的な響きもまったく感じられない。

　父のルーツはアラビアに遡り、母はポルトガルの生まれ。また、ランビエル家にはイタリアの血も入っているらしい。どれも情熱的な地中海文化の伝統に属する地だ。とはいえ、母は顔立ちがまったくラテン系ではなかったりする。髪の色も明るく、瞳はグリーン。いっぽう、父はラテン系の顔立ちだ。黒い髪に黒い瞳。ぼくは父と母のそれぞれいいところをもらっていると思う。

ペーター・グルッター・コーチ

　マルティニでスケートを始めたぼくは、やがてチューリヒ州ヴィラにあるリンクまで車に乗って通うようになった。老婦人のコーチがいたのだ。
　ぼくたちの関係はとてもよかった。彼女はぼくを孫のようにかわいがってくれた。でも、それがよくなかった。ぼくは大抵の子どもがそうであるように、それこそ騒いだり、全然おとなしくしていなかった。「命令しないで。ぼくは自分のしたいことをやるんだ」という感じだった。ぼくを守り助けたかった彼女は、とても悲しんだ。当時のぼくは悪い子どもだったのだ。
　そのリンクでも男の子はぼくひとりだった。でも、それは気にならなかった。むしろそのほうがぼくにとってはよかった。みんなから注目されているわけだから、とてもいい気分。女の子たちの視線が集まることは好きだった。
　そのぼくがペーター・グルッター・コーチに出会うのは、10歳のときだ。
「もっと上達したいのなら、ペーター・グルッターについて練習するべきよ」
　そう言ったのは母だった。母は鋭い眼を持っていた。ぼくがスイス国内選手権に出場したときに、ミスター・グルッターの生徒のスケーティング技術がとても優れていることを母は見て取ったのだ。ぼくを彼のもとで練習させるべきだと母は考えた。
　しかし、ミスター・グルッターのリンクはスイス西部のジュネーヴにあった。ぼくたちの家はサクソン。サクソンからジュネーヴは遠い。父の経営する会社

もサクソンにあり、ジュネーヴに引っ越すことは考えられなかった。ぼくにとって、大変な毎日が始まった。サクソンからサン゠モーリスの学校に通い、サン゠モーリスからジュネーヴのリンクにスケートの練習に行く。車で片道2時間の道のり。それからサクソンの家に帰って、夜遅くまで学校の宿題をこなす日々——。

これがぼくのキャリアの始まりだった。

＊

ペーター・グルッターは、1942年、スイスのベルンに生まれた。自身もシングル・スケーターとして活躍し、1964年のインスブルック冬季オリンピックを最後に現役を引退した。その後コーチに転じ、数々の選手を世に送り出している。

ミスター・グルッターはあるインタビューでぼくとの出会いを振り返って、「小さいのに大人びていて、強い個性の持ち主だった」と第一印象を語ってくれている。

「彼のなかに他の人にはないものが見えました。当時から人を惹きつけるものがあったのです。こうしたスポーツであれ何であれ、集団のなかにあっても人を惹きつける個性を持ち、すぐに物事を習い覚えることのできる人間がいます。ステファンは10歳にしてそうした人間でした。人の眼に跳び込んでくるようなところがあった。人を惹きつけるその力は、ただ天からの贈り物と呼ぶだけではとても足りないほどです」

最初はとても大変だった。ミスター・グルッターはとても厳しいコーチだったし、ぼくは面倒な生徒だったから。彼曰く、「当時から完璧主義者で、最初は扱

いが難しかった」。ぼくはコーチの言うことを聞かなかった。自分の好きなようにやりたかったのだ。

最初ぼくはミスター・グルッターのことを恐がっていた。彼のことが恐くて、できるだけお行儀よくしていた。しかし、お互いをよく知るようになるにつれて、ぼくたちの関係はもっとよいものになっていった。彼はぼくのキャリアのために最高の基礎を与えてくれたのだと思う。スピン、フットワーク、ジャンプ、すべてにおいて、彼がぼくの扉を開けてくれた。彼はおそらくスケートの最高の基礎を持っているコーチだ。ぼくは彼が教えてくれたツールをすべて使いこなせるようになった。また、スケート技術だけでなく、彼はぼくに信頼を寄せてくれた。信頼こそ一流の運動選手にとってもっとも重要なものだ。何かしら不安を感じていたら、選手は自分のスケート能力をきちんと使いこなすことができない。だから、ぼくが彼から与えられたツールをすべて心置きなく使えるように、ミスター・グルッターはぼくに信頼を与えてくれたのだ。

子ども時代の練習

当時は毎晩のように家のガレージでジャンプの練習をしていた。母がガレージに車を置いていなかったので、スペースがかなりあったのだ。14歳まではこのガレージがぼくの稽古場だった。床が堅いので膝によくないと、14歳でガレージで跳ぶのは止めた。

ジャンプではトウループが好きだ。トウループを跳ぶのはとても心地いい。子どものころ、すべてのジャンプの練習の最後にトウループをやっていた。

ステファン・ランビエル

本書についての感想をお聞かせください。

お気に入りの写真を教えてください。

フィギュアスケートの観戦歴は？
1年未満 ／ 2〜5年 ／ 6〜10年 ／ 11〜20年 ／ 20年以上

最近読んで面白かった本は？

フィギュアスケートに関して、どんな内容の本を読んでみたいですか？

「ワールド・フィギュアスケート」を〈 毎号読む ／ ときどき読む ／ 読んだことがない 〉

好きなスケーターは？

ご希望の方にフィギュアスケート・メールマガジン（無料）をお送りします。
mail

郵便はがき

113-0024

まことにお手数ですが、50円切手をお貼りください

東京都文京区西片 2-19-18
株式会社 新書館

「ステファン・ランビエル」係

お名前

ご住所 〒　　－

ご職業・学年　　　　　　　　　　　　　　年令

お買い上げ書店名　　　　　　　　　　　　所在地

ご提供いただいた個人情報は、個人を識別できない統計的な資料を作成するために利用いたします。

ぼくはダブルトウループに夢中だった。いたるところでダブルトウループばかりやっていたものだ。トリプルトウループを降りられるようになったら、今度はトリプルトウループばかり跳んでいた。
　こんなこともあった。
　まだダブルジャンプがどれもできないのに、ぼくはダブルアクセル（2回転半ジャンプ）を練習したくてしようがなくなった。ダブルアクセルはダブルジャンプのなかでもっとも難しいジャンプだ。まだダブルフリップもダブルルッツもできないのに、ぼくは毎日ダブルアクセルの練習を重ねた。ダブルアクセルを1日100回とか、そればかりやっていたのだ。たぶんいまもぼくがアクセルジャンプが苦手なのは、無謀な練習をやりすぎたからかもしれない。小さいころ、コーチの言うことを聞かなかったのがいけなかった。母がぼくの練習風景を撮ったビデオがあるのだが、そのなかでもぼくはダブルアクセルばかりやっている。
　最初に跳んだトリプルジャンプはトリプルトウ。11歳のときだった。トリプルトウはすぐに跳べるようになった。
　ぼくはあらゆるスピンが好きだ。背中を傷めるから毎日たくさんは練習できないけれど、音楽に合わせてスピンをするのが好きなのだ。スピンのなかで表現を展開させるのはとても興味深いことだ。
　スピンについては、ミスター・グルッターの考えはとても斬新だった。彼はいつも生徒たちに面白いポジションでやってみなさいと言う。これはぼくたちの間でいつもジョークの種になるのだが、彼はぼくにあらゆるポジションでスピンをやらせようとした。ただ、

言われてもぼくの身体ではできないポジションだってある。だから、ぼくは逆に自分ができるものを彼に見せようとする。「あなたの言うスピンはできないけれど、これがぼくのスピンです」と。そういうやりとりのなかから、ぼくのスピンは生まれた。ぼくはつねにコーチに強い印象を与えたかったのだ。

テレビで見るスケーターの滑りからもいろいろな影響を受けた。男性スケーター、女性スケーター、みんなからぼくはひとかけらずつ何かしら手に入れることができた。たくさんのインスピレーションを受け取った。

たとえば、1992年アルベールヴィル冬季オリンピックに出場したチェコのペトル・バルナからはいくつかのイメージを受け取った。彼のプログラムを何度も見たことを覚えている。ヴィクトール・ペトレンコの演技も繰り返し見た。女性では伊藤みどり。トーニャ・ハーディングも好きだった。とにかくこの世代のスケーターの演技を来る日も来る日も見ていた。

国際舞台へのデビュー

1997年、スイスのローザンヌで行われた世界選手権。11歳のぼくはスイスのノーヴィス・チャンピオンとしてエキシビションに出演した。

ぼくはとても胸を躍らせていた。大観衆の前で滑るのはこのときが初めて。ビデオでいま見直してみると、すべての動きに力が入っている。すごくシャープにやろう、完璧に滑ろう、としている。微笑ましくて、笑ってしまうくらいだ。

音楽はミュージカル『パジャマ・ゲーム』より「ヘルナンドズ・ハイダウェイ」。ラウンジ・ミュージックの定番である軽快な音楽に乗せて、３トウループ＋２トウループ、２フリップなどのジャンプを決めた。観客からも熱い拍手を受けた。

とても緊張したことをいまでも覚えている。このときと同じ緊張を、これまで滑るたびに毎回感じてきた。いや、いまでも同じ緊張を味わっている。ショーだからもう順位も点数も関係ないのに、どうしてかはわからない。いまもカーテンが上がると緊張する。自分にはできないと思える。すごいストレスで叫びたくなるほどだ。暗転の暗闇のなか氷上を進むときは、もうこれ以上動けないという感じ。けれど、音楽が始まればもう大丈夫だ。すべてを忘れてしまう。先ほどまでぼくを苦しめた緊張やストレスなど、すべて消え去ってしまう。だから、もし演技前にストレスを感じなくなるときがきたら、それはぼくにとってスケートが大切ではなくなったときではないかと思う。

姉シルヴィア、弟クリストフ

ここで姉と弟のことも話そう。

ぼくたち姉弟が幸運だったのは、両親からきちんとした教育を受けることができたこと。ぼくたち３人はいま自分の仕事にエネルギーを十分に注ぐことができている。

姉シルヴィアは現在ジュネーヴの病院で耳鼻咽喉科の医師として激務をこなしている。姉は自分の仕事を愛している。とても素敵な女性で、エネルギッ

シュ。ぼくは姉を誇りに思う。

　弟クリストフは父のもとで働いている。父は建築の基礎工事を請負う会社を経営しており、弟は18歳で父の会社に入った。父の監督のもと自分で契約を取り、情熱を持って仕事に取り組んでいる。弟は小さいころから父と過ごすことが多かった。母はぼくと姉を連れてリンクに行っていたからだ。弟はスケートをやりたがらなかったので、父と一緒にいた。たくさんの機械に囲まれて。何歳のときだったか正確には思い出せないけれど、たぶん12歳くらいだったと思う。父は弟に工作機械をプレゼントした。弟は小さいころから工作機械を使いこなし、地元のみんなが家の庭で練習する弟の姿を見ていたものだ。弟にはその種の才能がとてもあったのだ。

　クリストフについては面白い話がある。ぼくは彼にも一緒にスケートをやってほしかった。だから彼にもスケートをやるように勧め、最初は彼も応じてくれた。ただ、彼は熱心ではなかった。それほど滑りたくなかったクリストフに、ぼくは厳しく接した。弟のコーチになりたかったのだ。「もう1回やってみて」「こんなふうにして」……ぼくは彼にたくさんのアドバイスをしたのだが、弟は怠け者で結局これっぽっちもフィギュアスケーターではなかった。ほんの数日であっという間にキャリアを終えてしまった……。

母のこと

　ぼくが14歳のとき、両親が離婚した。

　つらい時期だった。母はそれまでずっと家でぼく

たちの面倒を見ていたのに、自分で働かなくてはいけなくなった。母はポルトガル出身でフランス語を上手に話せなかったから、最初はとても大変だったと思う。しかし、母はとても強い女性だ。戦う人であり、困難のなかでも彼女は決してあきらめることはなかった。その母の姿を見てぼくは育ったのだ。母にとっては子どもたちが第一で、女性としての自分は二の次。自分の子どもたちのことで忙しかった。母はぼくたちのために自分の人生を捧げてくれたのだ。つらいときもつねに心を強く持っていた母に、ぼくはとても感謝している。

　スケートの練習に関して、母はとても厳しかった。母はぼくたちに良い結果を出してほしかったのだ。母も父も言っていた。「もし何かを始めたのなら最後までやり遂げなくてはいけない。やり遂げることができないのなら、始めるな」と。だから、スケートを始めたのなら、ぼくは続ける必要があった。しかし、母は決してぼくに無理強いはしなかった。母が言ったのは、「フィギュアスケートを選んだのなら、このスポーツのために戦わなくてはいけない」ということだけだった。素晴らしい母の姿を見ていたぼくのなかには、責任感が芽生えていた。

学校での日々

　学校では数学が好きだった。ただ、ある時点で得意科目ではなくなってしまった。練習や試合のためにかなりの授業を欠席することになってしまったから。数学自体は好きなので、できることなら来世では数

学を勉強する時間をもっと取りたいと思う。それに語学も得意だったし、化学も好きだった。化学の先生がとてもいい人だったのだ。彼はスポーツを愛し、ぼくが忙しいこともよく理解してくれ、とてもうまくぼくに教えてくれた。たしか若いころ体操をやっていたのだと思う。

フィギュアスケートと並行して学校を続けるために、親友が助けになってくれた。週末の自由にできる時間に友だちが家に来て、何時間も説明してくれた。欠席していたためにできなかった課題をすべてやり直さなければならなかったから。

ぼくは最初サクソンの自宅からサン＝モーリスの学校、ジュネーヴのリンクと、母の車で移動していた。しかし、14歳で両親が離婚すると、母は仕事をしないといけなくなった。ぼくは電車で通うことになり、自分で自分の面倒を見なければならなかった。それがすごいストレスになり、学校に通う時間も減った。それでも優秀な成績で高校を終えることができて幸せに思っている。ディプロマも得たので、大学に進学することもできる。高校を卒業した時点で大学に行くことも考えたが、ぼくには難しかった。練習と転戦があるから自分には無理だと思えたのだ。ぼくは大学とスポーツを両立させている選手を尊敬する。ぼくには過重なストレスだ。

サン＝モーリスの高校時代の親友たちとはいまもよく会う。彼らはぼくの試合を応援に来てくれる。ぼくらは5人グループで、いちばんの友だちだ。彼らがいてくれて、ぼくは幸運だと思う。

II

初めての国際試合

　1997/1998年シーズン、スイスのジュニア・チャンピオンになったぼくは、1998/1999年シーズン、ジュニア・グランプリシリーズに出場した。初の国際試合だ。中国・北京大会とフランス・サン゠ジェルヴェ大会。結果はどちらも8位だった。

　翌1999年のジュニア・グランプリシリーズはノルウェーのハーマル大会に出場し（7位だった）、そのまま日本の長野に向かった。ジュニアグランプリSBC杯に出場するためだ。日本に着いたぼくは、練習の第1日目、滑ることができなかった。初めて感じる痛み。自分の脚に体重をかけることができず、滑ることは不可能だった。リンクまで行ったのに滑ることもできなかったのだ。病院に行った。どんな治療を受けたのか覚えていないが、抗炎症薬を飲まなくてはならなかった。これでは長野で滑ることはできないなと思った。ところが翌日か2日後にはすっかりよくなっ

2002年ソルトレイクシティ冬季オリンピック　©M.Sugawara/Japan Sports

ていたのだ。魔法のようだった。おそらくストレスだったのだろう。ストレスで動けなくなるときがある。そうなると練習も満足にできないのだ。

　試合ではとてもいい演技ができた。ショートプログラム（SP）は「ラ・クンパルシータ」で、フリーは「トリトン」。結果は銅メダルだった。これがぼくにとって初めてのジュニア・グランプリ・メダルになった。

　ジュニアの国際的な試合に出たときから、ぼくは大きな望みを抱いていた。いちばん優れた存在になりたかった。

　2001年1月、ジュネーヴで行われたスイス選手権でぼくは初めてシニア・チャンピオンになった。そして、翌2002年、16歳のぼくはいきなりオリンピックに出場することになる。

ソルトレイクシティ冬季オリンピック

　ぼくのほとんど最初の国際シニア試合は、2002年のソルトレイクシティ冬季オリンピックだった。世界選手権にも出たことがなかった。それ以前にはグランプリシリーズにもほとんど出場していない。フランスのトロフィー・ラリックに出ただけ。オリンピックがぼくにとって最初のビッグ・イベントだったのだ。

　1月、オリンピックに出場するために、ぼくはヨーロッパ選手権で戦った。スイスのスケート連盟からヨーロッパ選手権で12位以内に入ったらスイス代表としてオリンピックに出場できると言われていたのだ。ぼくのホームタウン、ローザンヌでの開催だった。リラックスしてとてもいい演技ができた。結果は4位。

そして、初めてのオリンピックがやってきた。2月、アメリカ・ユタ州のソルトレイクシティ。素晴らしい、最高の経験だった。
　もともとメダルは狙っていなかったし、ぼくにとっては胸がわくわくするような冒険だった。優勝争いとは何の関係もない者として、何のプレッシャーもなくとてもいい経験ができた。このとき、ぼくはオリンピックをめぐるすべてを楽しむことができた。内側からオリンピックを見るのは素晴らしい体験だ。とても大きな催しだから、それ自体も楽しまなくては。とはいえ、トリノやバンクーバーのときにはそれは難しかった。エネルギーのすべてを試合に注ぎ込まなくてはならなかったから。すべて、ほんのひとかけらさえあまさず自分の演技のために残しておく必要があったのだ。でも、ソルトレイクシティはそこまでではなかった。もちろんすべて試合に注ぎこんだけれど、このときはほかにも楽しむものがあった。ぼくはすべてを見、さまざまな人々に会うことができた。
　試合の結果は、アレクセイ・ヤグディンが金メダル、エフゲニー・プルシェンコが銀メダル、ティモシー・ゲイブルが銅メダル。ぼくは15位だった。
　ヤグディンとプルシェンコは「宿命のライバル」と呼ばれていた。当時ヤグディンは21歳、プルシェンコは19歳だった。控室の2人のことはいまでもよく覚えている。2人の間に存在するプレッシャーはそれはすごいもので、控室に一緒にいるだけで感じ取れるくらいだった。部屋のいっぽうの側にヤグディンが座っていて、もういっぽうの側にプルシェンコが座っている。その2人の間に電気が走るのが見えた

のだ！　面白い経験だった。

　ヤグディンはぼくが大好きなスケーターだったから、彼が優勝したのはうれしかった。ぼくは彼の個性が好きだし、自然に生まれてくる彼のスケートが好きだ。たとえば、ソルトレイクで滑ったSP「ウィンター」。彼は決して仮面をかぶらない。率直なのだ。演技するとき彼はある意味、裸になっている。まさにヤグディン自身、彼そのもの。だからこそ、ぼくはヤグディンが好きだ。

　当時ヤグディンは、ぼくにとって、スケートの王者だった。彼を尊敬していた。ただ、当時は決して親しくはなかったので、オリンピック直後の長野世界選手権では、彼に対してただ「おめでとう」としか言えなかった。何年かのちになって、ぼくたちはショーで共演するようになった。それをきっかけに親しくなり、彼のパーソナリティを知ることができた。それは彼のスケートとぴったり一致していた。彼の演技とパーソナリティはまったく一緒なのだ。

　日本のファンのなかにはぼくとヤグディンが似ていると言う人がいる。ぼくたちが似ているかどうか自分ではわからない。でも、おそらくリンクで自分を偽らないというところは共通しているのかもしれない。それぞれのスタイルは違ったとしても、ぼくたちは自分自身を表現することができるのだ。

　プルシェンコはとてもエレガントな滑りをする人で、しかもとてもパワフル。一見クールで自分を押し出し

アレクセイ・ヤグディンと。2006年ジャパンオープンにて ©N.Tanaka/Japan Sports

ているように見えないが、でも実際にはすごく押し出している。滑りにとてもスピードがあって、ぼくはそこが好きなのだけれど、とにかくエレガントだと思う。ヤグディンのようにパッショネイトではないけれど、とてもクリーンな滑りをするスケーターだ。

オリンピックの後、ぼくは進歩した

　オリンピック直後の長野世界選手権は、ぼくにとって初めての世界選手権だった。でも、いい演技ができなかったので、ぼくは混乱していた。2001/2002年シーズンはぼくにとってとても大きなシーズンだった。ぼくはまだ若く、一流選手としての経験もなかった。ヨーロッパ選手権にはすでに出ていたけれど、ヨーロッパ選手権と世界選手権とではまったく違う。おそらく長野ではぼくは力がみなぎっていなかったのだ。オリンピックでかなりのエネルギーを使い果たしていたから。でも、素晴らしい経験だったと思う。

　このオリンピック・シーズンの後、ジャンプがすごく進歩したと思う。優れたスケーターみんなの演技を見たからなのは確かだ。あらゆる練習を見ることで、ぼくは理解することができた。だから、スイスに戻るとさらに練習を重ねた。翌2003年にはぼくは4回転が跳べるようになった。ワシントン世界選手権では4回転とトリプルアクセルを跳んだ。2002/2003年はぼくが強くなった年だ。おそらくソルトレイクシティでのぼくの初体験が、ぼくをテクニック的により優れたスケーター、強いスケーターになるのを助けてくれたのだ。

このワシントン世界選手権は総合10位だった。ただ、このときは予選ではＡ組3位だった。エフゲニー・プルシェンコ、ティモシー・ゲイブルに次いでの3位。4回転もトリプルアクセルも含め、予選ではとても良い演技ができた。ぼくはビデオでこのときの「ショコラ」を見るのが好きだ。おそらくぼくがいちばん気に入っている演技のひとつだと思う。ぼく自身、自分のジャンプと演技に興奮していた。

　翌2004年のドルトムント世界選手権の結果はとても悲しかった。ぼくは3位か、あるいは2位でもおかしくなかったと思う。フリー「Zabuca／Loving Paris」ではとても良い演技を見せることができたから。結果は総合4位だった。どうしてこうなったのかはわからない。でも、この順位はぼくにとってよかったのだ。なぜなら、自分がジャンプをきちんと跳べていないことが理解できたのだから。もっと自主練習をしなくてはならない。ぼくはさらに練習を重ねた。ネガティヴなことも、ときにはいいことにつながる。そのことで、ぼくは翌年には何か違うことをし、もっと上達しなければならないのだと知ることができた。

　そして、ぼくは実際にそうしたのだ。こうして2005年、運命のモスクワ世界選手権を迎えることになる。

モスクワ世界選手権で初優勝

　このモスクワ世界選手権の結果は大きな驚きだった。関係者や観客も驚いただろうが、ぼく自身にとっても大きな驚きだったのだ。モスクワに到着したとき

には、自分が1位になるなんて考えてもいなかった。順位のことは頭にはなかった。ぼくはただすべてを差し出そうと考えていた。最高の演技を見せたかったから、ぼくは自分のすべてを差し出したのだ。

モスクワに着いたときから調子もよく、体に力が満ちているのを感じていた。予選の出来もとてもよかったし、SP「スパニッシュ・キャラヴァン」でもとてもいい演技ができて、1位につけた。だから、フリーは本当に緊張した。自分が優勝できるかもしれないのだ。トップに立つのはすごく大変なことだとわかっていたし、そのプレッシャーがきつかったのは確かだ。フリーは難易度を上げるために、ヨーロッパ選手権のあと「トゥルーマン・ショー」から「キング・アーサー」にプログラムを変えていた。完璧な演技とは言えなかったが、ぼくは4トウ＋3トウのコンビネーションを決め、さらに4トウを降りた。ほかの選手の失敗もあり、4回転に2度挑まなくても勝つことができただろう。でも、ほかの選手のことは関係なかった。これは自分自身との戦いだ。予選、SPと、いい演技ができていた。ぼくは手を抜いたフリー演技でチャンピオンになりたくなかったのだ。

この世界選手権金メダルが、ぼくにとって初めてのシニアメダルになった。こんなに素晴らしいことはない。しかも、モスクワでチャンピオンに輝くことができたのだ。おそらくロシアはもっとも有名かつ最大のフィギュアスケートの流派がある国だ。多くの偉大なフィギュアスケーターが生まれ育ったモスクワの地で世界チャンピオンになることができたのは大きな名誉であり、最高のサプライズだった。

世界選手権の金メダルは、ぼくに大きな自信を与えてくれた。そして、ぼくを成熟させてくれたのだと思う。ぼくはこのときから数多くのショーに出演することができるようになった。このショーでの経験が素晴らしいものだった。ショーのおかげでぼくは旅をすることができた。旅をすることで、人生について、インスピレーションについて、文化、とりわけ異文化について、多くのことを理解することができた。旅を通して心をオープンにすることができる。このモスクワでの出来事がぼくに道を開いてくれたのだ。

ぼくのミューズ、サロメ

　スイスでの生活も大きく変わった。まさに無から大にだ。これまでも学校やサクソンではみんながぼくのことを知っていた。でも、世界選手権の後、ぼくはいきなり有名人になってしまった。周囲の環境が一変したのだ。それでも家族や友人がぼくのことを守ってくれたのだと思う。彼らがまわりにいてくれたおかげで、ぼくは自分を見失わないですんだ。関心を集めるなかで自分を失わないままでいるのはとても難しい。注目を浴びていると自分は天才ではないかと思ってしまうことだってある。しかし、ぼくが幸せだったのは、ぼくを守ってくれる素晴らしいチーム、素晴らしい家族がいたことだ。チームの役割がとても重要だった。

　ここで改めてぼくのチームを紹介させてほしい。コーチのペーター・グルター、コリオグラファーのサロメ・ブルナー、そしてフィジカル・トレーナーのマ

コリオグラファーのサロメ・ブルナーと
コーチのペーター・グルッター（2006年世界選手権）
©M.Sugawara / Japan Sports

シュダ＆ジャン゠セバスチャン・シャールだ。ミスター・グルッターについてはすでに触れたから、今度はサロメのことを話そう。

　サロメは女子シングルのスイス・ジュニア・チャンピオンになった後、アイスダンス選手として世界選手権に出場。プロに転じた後はトーヴィル＆ディーンの世界ツアーや「ホリデー・オン・アイス」などのショーで活躍した。

　ミスター・グルッターとサロメはずっと一緒に仕事をしている。サロメは彼の教え子なのだ。ある日、彼から「サロメと振付をやってみないか」と提案され、ぼくたちはサロメと試してみることにした。最初はただ振付をお願いするだけの関係だったが、やがてお互いをよく知るようになり、いまではサロメはぼくの大切な親友のひとりだ。

　彼女はとても穏やかでオープンマインド。決してぼくに何かを強制しようとはしない。彼女が素晴らしいのは、「こうしなさい」と言うことなく、ぼくをいつも正しい場所に導いてくれるところだ。それが彼女の宿命(カルマ)なのかぼくにはわからないが、強制せずにぼくを正しい方向に向かわせる術を彼女は知っている。サロメはぼくに自由を与えてくれ、ただぼくに方向を指し示してくれるのだ。本当に素晴らしい心の持ち主だ。

　ぼくはサロメと仕事をするのが好きだ。彼女とプログラムを作るときはいつも、素晴らしい時間を過ごしている。彼女はチューリヒで暮らしていて、チューリヒ滞在中のぼくは彼女の家で過ごす。彼女といるのはとても心地よく、大きなインスピレーションが得

られる。

　マシュダとジャン＝セバスチャンも、ぼくが最良のコンディションでいられるようにいつもぼくを助けてくれている。

トリノでの挑戦

　19歳でぼくは世界チャンピオンになった。本当に難しいのは若くして夢を達成してしまったときだ。ぼくの夢はトップに立つことだった。トップに立ったあと、新たな夢を持つのは本当に難しい。とくに若い人間にとっては。子どものように「ぼくはゲームボーイがほしい」「ゲームボーイが手に入ったら、次はプレイステーション」「もっともっと」というふうにはいかないのだから。最終目標を達成してしまったら、次はどうしたらいいんだろう？　これは恐ろしいことだ。ただ、このときはまだ大丈夫だった。次の年にオリンピックがやってくるのがわかっていたから。ぼくにはオリンピックのための準備が必要だ。だから大変なことはないんだ。ぼくはそう自分に言い聞かせた。

　2006年、トリノ冬季オリンピック。

　4年前のソルトレイクシティ冬季オリンピックは無邪気な時代だった。何のプレッシャーもなかった。誰もぼくのことなど見ていなかったし、ぼくの演技なんか気にしていなかった。ぼくは誰にとっても危険な存在ではなかったのだ。ぼくはただソルトレイクに行って滑って、みんなを見ていたわけだ。ところが、トリノではまったく正反対だった。みんながぼくに注目していた。ぼくはいまやトップスケーターのひとり

2006年トリノ冬季オリンピック ©M.Sugawara/Japan Sports

だった。これは大きなプレッシャーになった。このときぼくは膝を負傷していた。試合の２週間前に右膝の靭帯を傷めてしまったのだ。試合の間はいつも膝にストレスがかかってしまう。

　このプレッシャーを処理するのは簡単ではなかった。本当に大きなプレッシャーを感じるのは、トリノやバンクーバーのようなオリンピックだけだ。この２つだけは本当に大きなプレッシャーだった。自分の人生を失ってしまうかもしれないとすら感じる。自分が演じているものがぼくの人生そのものなのだ。ほかのスケーターが同じかどうかはわからないが、ぼくは演技と人生をわけることができない。すべてがぼくの人生なのだ。

　そうしたなかでぼくは戦った。SP「ドラリオン」の結果は３位。最後まで戦いつづけるつもりだった。フリーのプログラムは「四季」だ。冒頭のトリプルアクセルがダブルになってしまうなどいくつかミスもあったが、エフゲニー・プルシェンコの金メダルに次いで、銀メダルを手にすることができた。ぼくの演技をテレビで見て、祖母はテレビにキスしたと言っていた。フリーとエキシビションの間にポルトガルで休息を取って会ったのだが、祖母もすごく喜んでくれた。ぼくがテレビのなかで生きているように思えて、彼女はテレビを抱きしめたそうだ。

　この銀メダルはぼくにとって、金メダルとほとんど同じような意味があったと思う。ぼくにはたくさんの意味があったのだ。これまでの幾多の困難を思い、とても幸せな気分だった。表彰式でぼくは泣いた。表彰台に立ったとき、ぼくはほとんどオリンピックで

勝利したような気持ちだったのだ。すっきりした気持ちだった。自分の演技にホッとしていた。チームの成果に満足し、そして母のことを考えた。母が捧げてきてくれたすべてのことを思った。これはぼくの人生でおそらくもっとも力強い瞬間だった。

　オリンピックの後、ぼくのホームタウン、サクソンで大きなレセプションが開かれた。そのとき父が壇上で挨拶し、みんなの前で「私は自分の息子を誇りに思う」と話してくれた。おそらくぼくの人生で最高の日だと思う。両親が自分のことを誇りに思ってくれているのを知るのは、人生で最高の出来事だろう。いまでもこのときのことを思い出すと涙が止まらなくなるほどだ。普段の父はとても感情を抑えた人だ。決してポジティヴなことは言わない。何かよくないことがあれば、「それはよくない」と言ってくれる。でも、よいことが起こっても、それを喜ぶような言葉をかけてくれたことはそれまで一度もなかった。その父がみんなの前に立って、ぼくを誇りに思うと言ってくれたのだ。これは父の人生で最高のパフォーマンス。ぼくのオリンピックでの演技よりも素晴らしい、父によるパフォーマンスだった。このことはぼくの心のなかにずっと残ることだろう。ぼくは決して忘れない。

　オリンピックを終えて、ぼくは自分が次に何をすべきか真剣に考えた。ぼくは20歳だった。ぼくは世界チャンピオンであり、オリンピックの銀メダリストだ。この段階でぼくは自分の夢を達成してしまっていた。ぼくはスケートを続けたいのか？　とても難しい選択だった。オリンピックの後、ぼくはショー「アート・オン・アイス」に出場した。この「アート・オン・

アイス」がぼくにたくさんのエネルギーを与えてくれた。「アート・オン・アイス」については、また後でくわしく話そう。ショーで滑ることは、いつもぼくにたくさんのエネルギーを与えてくれる。ぼくにとって、ショーで滑ること、そして振付をすることが自分のスケートの次のヴィジョンになった。

2006年カルガリー世界選手権 ©M.Sugawara/Japan Sports

「アート・オン・アイス」の後、ぼくはカルガリーに行くことを決めた。これはぼくの人生で最高の試合となった。

カルガリー世界選手権での最高の演技

　記者会見でライバルは誰かと聞かれるたびに、ライバルは自分自身だといつも答えてきた。ベストな演技をめざすのは、あくまで演技そのもののためだ。何を演じたいのか、どのように演じたいのか、自分でよくわかっている。ぼくが成し遂げたいのは、その演技自体なのだ。誰かより優れていたいということではない。ぼくは自分を誰かと比べたくはない。ただぼくは前回の演技よりもよいものを見せたいのだ。その試合で自分の演技のどこが気に入らなかったのか、これから自分がどうしたいのかもわかっている。ほかのスケーターの演技を見るのは好きだけれど、自分より優れているかどうかは考えたくない。みんなそれぞれ違う。ぼくはむしろ前回の自分より優れていたい。

ほかのスケーターより優れていたいとは思わない。自分の演技が優れていれば、それが表彰台につながるのだ。

　カルガリー世界選手権では、ぼくはディフェンディング・チャンピオン。ある意味、苦しい戦いだった。しかし、予選、SP、フリー、3つともクリーンに滑ることができてうれしかった。このときの演技はぼくのベストだと思う。ぼくははっきり感じた。自分はキャリアを達成したんだ、と。自分が成し遂げたことに満足したと同時に、ぼくは次のステップを求めてもいた。どうしてかはわからない。ぼくのなかの何かが囁いた。「このまま留まるべきだ」と。ぼくはまだ若くあまりに早く達成してしまったので、このまま競技に留まって、もっと続けたかった。だから、ぼくは留まって努力を続けたことを後悔していない。ただ、カルガリーの後は、ショースケーターになるという選択を心のなかで抱いていたのも確かだ。カルガリーの後は試合だけに集中するのは難しかった。ぼくはショーが本当に好きだし、そこでは本当に気持ちよく滑れる。カルガリーの後、ショーのステージは本当に居心地がよかった。

「ポエタ」──新しいステップへ

　2006/2007年シーズンはぼくにとってつらいシーズンだった。繰り返しになるが、その前の年にぼくは目標を達成してしまっていた。その後で自分がこれ以上何をめざせばいいのかわからなかった。スケートカナダの後、ぼくはNHK杯もヨーロッパ選手権

も欠場した。試合に対するモチベーションが見出せなかったのだ。だから、ぼくはとても難しいプログラム「ポエタ」で新しい挑戦を図ることにした。このプログラムによって、ぼくは芸術的なスタイルによる次なるレベルに進むことができたと思う。

2007年東京世界選手権　©N.Tanaka/Japan Sports

　このとき振付についてたくさんのことを学んだ。アントニオ・ナハーロとの仕事、新しいムーヴメントによるリハーサルが、ぼくに振付の新しいヴィジョンを与えてくれた。アントニオはフラメンコ・ダンサーだ。彼との出会いは日本だった。2006年9月、「チャンピオンズ・オン・アイス　ジャパン・ツアー」で共演したのだ。彼はオープニングとフィナーレの振付を手がけ、ぼくは彼の動きに魅せられた。そのとき彼が「何か助けが必要だったり、スパニッシュ・プログラムをやりたくなったら、喜んで一緒に仕事をするよ」と言ってくれた。彼にいろいろな音楽を聞かせてもらった後、ぼくは言った。
「とても気に入ったし、あなたと一緒にプログラムをやりたい」

　新しいことへの挑戦は興味深いものになるだろうとぼくは考えた。ぼくのプログラムのほとんどはサロメと作ったものだが、彼女はぼくが新しいことを試みるのを了承してくれた。彼女はとてもオープンなのだ。ぼくとアントニオとの仕事を喜び、とてもいいコラボレーションだと言ってくれた。

　このシーズン、ぼくが幸運だったのは、みんながぼくに注目していたことだ。彼は何をしようとしてい

るのか。世界チャンピオンとして、彼は勝つことができるか。なぜ彼は戦わなかったのか——ぼくの滑りをめぐってたくさんの憶測が駆け巡っていた。

　東京世界選手権に出場する決心をしたのは、大会の1ヵ月半前だった。日本のアイスショーのプロデューサー、真壁喜久夫氏が「日本のファンのために、ぜひ東京に来てください」と言ってくれた。ぼくは彼にとてもよくしてもらっていたし、日本のファンは大好きだった。真壁氏の温かい言葉はひとつのきっかけになった。ぼくにはここでぜひとも演じたいという強い思いがあった。だから東京世界選手権で戦ったのだ。

　東京で、日本の大勢のファンの前でぼくのフリー「ポエタ」を滑ることができたことを本当にうれしく思う。自分ができるベストの滑りをした。みんながこのプログラムを愛してくれた。本当に素晴らしい経験だった。結果は銅メダル。ぼくは自分の演技に誇りを持っている。"いまの自分"をプログラムに持ち込むことができたからだ。

　「ポエタ」によって、何かが変わった。たぶんこう言えると思う。ぼくのなかで2002年までが1つのステージだった。2003年から2007年までが次のステージ。そして、この「ポエタ」以降、2007年からが次のステップとなった。そんなふうにぼくは成長してきたと感じている。

つらい時期を越えて

　翌年のヨーテボリ世界選手権のことはあまり思い

出すこともない。5位という結果にがっかりしたし、何よりも自分の演技に失望していた。世界選手権の大会中にぼくは怪我を負ってしまった。鼠蹊部と内転筋の負傷だった。ブレードにも問題があった。ブレードがまっすぐではなかったのだ。そのことで筋肉が引っ張られてしまっていたのかもしれない。たぶんこの2つの問題はつながっていたのだろう。そのせいで練習もままならなかった。うまくいかないことが多かった。ぼくは毎回何かしら新しいものを付け加えようとしていたのに……。ぼくはこの時期のことは消し去りたい。ぼくにとって、重要な時期ではないから。

　つらい時期だった。ぼくは一度ミスター・グルッターのもとを離れ、新しいコーチにつくことに決めた。ヴィクトール・ペトレンコとガリーナ・ズミエフスカヤだ。本当につらい決断だった。しかし、自分を見出すためにはどうしても必要だった。自分が成長するために必要なものだったのだ。ぼくは練習拠点を変え、アメリカでトレーニングした。とてもいい時間を過ごすことができた。人間として、スケーターとして、とてもいい経験ができたと思う。しかし、ぼくは改めてスイスのチームがやはり自分のチームだと感じた。彼らの不在によって、自分が彼らを必要としていたことに気づいたのだった。

　ぼくはミスター・グルッターに連絡を取り、もう一度一緒に戦いたいと話した。彼は喜んで迎えてくれたが、自分の興奮をぼくには見せはしなかった。でも、彼のなかでは大きな炎が燃えていたに違いない。

ダンス・レッスン

　フィギュアスケートの選手は、小さいときコーチからこう言われるものだ。きちんとまっすぐに、腕に注意してまっすぐ、姿勢を正しく、と。だから、上体をリラックスさせることを忘れてしまっているスケーターもいるかもしれない。でも、その両方を知ることが必要だと思う。姿勢をきちんとすることも必要だが、同時に自分の身体をリラックスさせることも必要だ。ぼくはコンテンポラリーダンスのレッスンも受けているが、彼らは床面を重視する。重力を感じ、重力を利用する。ぼくはスケーターはコンテンポラリーダンス・クラスを受けて、身体を感じたほうがいいと思う。身体を重力にまかせるままにしたとき、床面を用いることでまた身体を引き上げることができる。そのことが身体の呼吸、動きの呼吸を生み出してくれるのだ。

　ぼくはマルティニで素晴らしい教師、ドロテ・フランクのクラスを受けている。彼女が床面の使い方をぼくに教えてくれたのだ。ローザンヌではスイスの有名なコリオグラファー、フィリップ・セールのクラスを受けている。彼のエクササイズはとてもいい経験になった。たとえば、目をつぶって暗闇のなかで彼の手がぼくの背中に触れる。ぼくは彼の手を感じながら歩くのだ。信頼のゲームだ。誰かと一緒に踊るときはその相手を信じなくてはいけない。この実験的なエクササイズはぼくのスケーティングにとても役立っていると思う。

　バレエのレッスンは15歳くらいから始めた。ミスター・グルッターはいつもぼくにクラスを受けなさい

と言っていたのだが、母が必要ないと言っていたので、ずっとやらなかった。そのことをいまは後悔している。ぼくはバレエの練習が十分ではないのだ。スタートが遅かったので大変だったが、始めることができてうれしかった。いまはチューリヒで優れた教師レスリー・ヴィスネールに教わっている。彼女のアドバイスによって、ぼくは素晴らしいイメージを受け取り、レッスンの後、とても幸せな気持ちになる。新しい人間になった気がするのだ。

引退、そして再び競技の世界へ

　2008年10月、ぼくは左内転筋の負傷のため、競技からの引退を発表した。健康のため、これからも滑りつづけるためには必要な決断だった。ただ、オリンピックに出場するという選択肢はずっと持ちつづけていた。自分の心のなかに秘めていたのだ。

　2009年4月、カナダでショーに出演していたとき、ぼくはマーラ・ピヒラーと出会った。彼女はカナダのとても優秀な理学療法士だ。「もし私の助けが必要なら、あなたの怪我の面倒を見るわ」と彼女が言ってくれた。だから、ぼくは自分の怪我を治そうと決めた。ぼくはカナダに行き、彼女と一緒に練習した。
「健康に戻ったら、もう一度戦いたい」

　ぼくは彼女にそう話した。マーラは本当によく助けてくれて、ぼくは健康を取り戻した。さらにぼくは練習を始め、自分が力強く滑ることができるようになったとわかってから、オリンピックに向けたプランを練りはじめた。もう一度戦うと決めたのは、自分の身体

2009年ネーベルホルン・トロフィー ©M.Sugawara / Japan Sports

が変わったと感じられたからだ。

　あのときは金メダルがほしかった。どんな人間でも最高のものがほしい。それが人間というもの。でも、いまならわかる。メダルなんて重要じゃない。いくつメダルを持っているかなんてまったく重要じゃない。ぼくは世界チャンピオンであり、ショーに出演することができる。ぼくは自分が本当にやりたいことをやって生きることができるのだ。おそらく世界チャンピオンでなかったなら、ぼくはショースケーターにはなれなかっただろう。いまのようにたくさんの機会を持つことはできなかったかもしれない。だから、扉を開くためにはメダルを手にすることが必要だった。ただ、メダルを勝ち取ることが最終目標ではないのだ。メダルだけでは、どこにも行くことができない。メダルを手にした後、次のステップに進まなくてはならない。それはもっとたくさんメダルを取るということではなくて、別の扉を開くということだ。競技生活の後に、別の人生があるのだ。いまならそれがわかる。

　ぼくはまず2009年9月、五輪予選会を兼ねたネーベルホルン・トロフィーに出場した。2回世界の頂点に立ったぼくがこの大会に出るのは、不思議な感じだった。会場のオーベルストドルフはスイスに近いので、たくさんの人が観戦に来た。みんなとても興味をもってこの試合を見ていた。でも、ぼくは何のプレッシャーも感じなかった。ただ「結果を見てみよう」、そんな気持ちだった。何でも来い、という感じだったのだ。うまくいけば、うまくいく。うまくいかなければ、それはだめだということだったのだから。

　ぼくはネーベルホルン・トロフィーで勝利し、五輪

出場権を獲得。ヨーロッパ選手権でも2位を獲得し、2010年2月、いよいよバンクーバー・オリンピックを迎えた。

バンクーバーでの挑戦

　難しい戦いになることはわかっていた。プレッシャーが厳しいものになるだろうこともわかっていた。プレッシャーの大きさ自体はトリノのときと同じだと思う。でも、トリノのときのほうがプレッシャーをうまく扱えていた。トリノではバンクーバーのときほど優秀なスケーターではなかったかもしれないけれど、ストレスをうまく扱えていた。バンクーバーでは、いい演技ができる能力があったのに、ストレスがそれを妨げたのだ。

　SP「ウィリアム・テル」はまずまずの出来だった。しかし、フリーの「椿姫」では自分に失望した。ぼくは自分のスピリット、自分の魂を自由にはばたかせることができなかった。まるで檻のなかにいるようだった。結果は4位。この演技のあと数日はとても悲しかったし、失望した。檻の扉をどうして開くことができなかったのか自分でもわからない。なぜ？　ぼくには答えが見つけられなかったし、変えることができなかった。悲しかったのは、とても重要なときにこれが起きてしまったこと。とても重要なときだったのに、ぼくはうまく滑ることができなかった。でも、これももう終わったこと。今後はこの状況をうまく利用することが重要だ。演じるときにはもう2度とこの檻のなかに入りこむことがないように。この檻はぼくの世界で

はないのだ。

　いまはバンクーバーにいちばんの目標を置いたことに誇りを持っているし、とても満足している。バンクーバーだけでなくそれまでの時間も含めて、ぼくにとって、素晴らしい経験、素晴らしいゴールだった。理学療法士のマーラはぼくの健康、ぼくの身体について本当によく助けてくれた。そしていま、ぼくはとてもいい感じでウォームアップができるようになっている。自分の身体についてよく知ることができたのだ。ぼくは2008年に負った内転筋の怪我のことを考える。その怪我によってぼくは自分の身体の姿勢を変えざるをえず、そのたびに筋肉をひっぱっていた。それもポジションを変えることでだいぶ改善された。もしぼくがバンクーバーに出場しようとしなかったら、ぼくはきっとそうした努力をしなかっただろう。熱意をもって必死で治療しようとはしなかったと思う。ぼくは思うのだ。健康こそがもっとも重要だと。このオリンピックに出場したことで、ぼくは自分の健康に気を配ることができるようになった。だから、成績は問題ではなかった。ぼくはこの経験から何事かを達成することができたのだ。

　ぼくはもう2度と試合には出ないと思う。残念ではあるけれど。ぼくにとって、いまは次のステップに向かうときなのだ。ショーがぼくの次のステップだ。ぼくはショーを本当に楽しんでいるし、自分の身体が長く滑ることができるように願っている。

III

ローザンヌでの暮らし

　ぼくはいまスイスのローザンヌで暮らしている。2004年、18歳のときにサクソンから移った。ローザンヌはとても暮らしやすい、素晴らしい街だ。ミスター・グルッターのいるジュネーヴまで車で1時間。ぼくは自分で車を運転するから、毎年ものすごい走行距離になる。ぼくのホームタウン、サクソンからも1時間だし、チューリヒからは2時間。ジュネーヴにはミスター・グルッター以外に姉も住んでいる。サクソンには母、父、弟がいる。チューリヒにはサロメとぼくのエージェント、オリヴァーがいる。ローザンヌはちょうど真ん中あたりに位置するので、とてもいいロケーションだ。

　オフタイムはそう多くはないけれど、1日オフのときは家族を訪ねたり、友人を訪ねたりする。家にいるときは料理もよくする。映画やバレエを見るのも好きだ。それに自分の身体のケアをすることも。スパに

行ったり、マッサージを受けるのも好きだ。旅行も好き。週末が休みのときはパリやバルセロナに出かけたりもする。長い時間、何もしないのはあまり好きではない。忙しくしていることが必要なのだ。

　ぼくは祖母に会いにポルトガルにもよく行く。ぼくたちはとても仲がいい。性格もよく似ている。だから、お互いのことがよくわかるのだ。それに祖母はぼくに料理をたくさん教えてくれた。料理のことはすべて祖母から学んだのだ。祖父はだいぶ前に亡くなったので、ぼくはあまり覚えていないのだけれど。

　ぼくがローザンヌで住んでいるのは小さなアパルトマン。ぼくはシンプルな生活が好きだ。猫を1匹飼っている。メインクーンで名前はウォンカ。ロアルド・ダールの『チャーリーとチョコレート工場』から取った。彼女はぼくがスーツケースをパックしていると悲しそうな様子を見せる。スーツケースの上に乗って、ぼくに付いていきたがるのだ。

　ぼくがみんなに、そして自分自身にも言いたいのは、人生を楽しむ時間をもたなくちゃいけないということ。素晴らしい瞬間瞬間を楽しむこと。人と過ごす素晴らしい時間だったり、ショーや映画だったり、それがめったに巡りあえないものであり、そのような機会には毎日出会えはしないのだと意識すること。だから、ぼくはいつも、友人と会ったり素晴らしいショーを見たりしたときは、その瞬間に心から感謝している。自分にできる限りの感謝を捧げているのだ。

　幸せへの道のりはとても長く、真の幸福は決して実現することはない。だから、その道のりを楽しむべきなのだ。それこそが幸福であり、そのようにして人

生は過ぎていく。ぼくたちは最終的に自分の道を築き、たくさんの幸せな日々や悲しい日々を経験し、その道のりをできる限り楽しまなくてはいけないのだと思う。

プログラムを作る

　氷の上には毎日立つ。でも、決して長い時間ではない。たぶん1時間くらい。これは自分の調子を維持するためのもので、必要なことだけをやって氷から上がることにしている。ただ、新しいプログラムを振付けるときはもっと時間を取ることになる。

　ひとつのプログラムを作るのにどのくらいの時間をかけるかは、プログラム次第。2日でできるときもあれば、1週間かかるときもある。

　サロメとぼくはまず氷の上に立って、音楽をかける。そして滑り出す。それぞれが滑るなかで、ふさわしい動きを見つけていく。お互いに話し合いながら、気に入るまで何回も試していく。若いころは即興で動くのが好きだった。彼女が音楽をかけ、ぼくが即興で滑る。彼女は音楽を止めるとぼくのところにやってきて、ぼくのやったことを改めて見せてくれる。彼女はぼくのインプロヴィゼーションを選り分けて、彼女がいいと考えたものを取り出して編集していく。ぼくが食べ物の素材を提供し、サロメが自分のほしいものをそこから取って、おいしく調理してくれるというわけだ。

　ぼくはフィギュアスケートでいつも音楽を表現しようとしている。ぼくは音楽を用いるのが好きなのだ。

そして、毎回違う顔を見せるのが好きだ。宝石が見る角度によって異なる輝きを見せるように。ぼくは自分のあらゆる面を見せたい。そして、自分の新しい顔を毎回見つけたいのだ。
　音楽を選ぶときは、最初にまずアイディア——何か表現したいもの、何か創造したいものがあって、それに合った音楽を探すことになる。ぼくはたくさんの曲を聴く。ただ、聴くのはひとつのスタイルの音楽だ。そのとき、どのスタイルが自分に必要かわかっているから。リサーチにはかなり時間をかけるし、聴きたい曲は全部聴く。できるだけたくさんの曲を聴きたいのだ。でも、探していたスタイルの曲とはまったく違うものが見つかって、それを使いたいと思うときもある。この曲はたぶん来年がいいなとか、これは後で使いたいから取っておこうとか、アイディアを取っておくこともある。まだ熟していないからそのまま置いてあるアイディアがいくつもある。
　たとえば、ぼくがあるクラシック音楽をとても気に入ったとする。でも、いまはそのときではないと感じる。そうしたときはリストに載せて取っておく。翌年になってから取り出して聴いてみる。そうすると、今年なら準備ができていると感じる場合もある。「ウィリアム・テル」もそうだった。ぼくは何年も前からこの音楽を取っておいた。このとても有名な音楽を聴いたとき、これがいつか必要になるだろうと感じ、ぼくのリストに載せておいたわけだ。そして、オリンピックの年に、いまこそこのプログラムのときだとぼくは考えたのだった。

採点について

このスポーツにおいて、点数にどんな意味があるか答えるのは難しい。ぼくには本当にわからない。おそらくは1番でありたいという人間的な思いによるのだろう。自分にできる最高のことを成し遂げたいと思う。1メートル90を跳べたのなら、次は1メートル91を跳びたいと考えるだろう。そうした思いこそが成長につながるのだ。

現在の採点方式より以前のシステムのほうがぼくには合っていたと思う。古い採点方式についてぼくが好きなのは、より自由があること、点数がプログラム全体に対するものだったことだ。自分を表現する余地があった。しかし、いまはそれが減ってしまった。そこに違いがある。

ぼくはシステムに変更を加えられる人間ではないし、口を挟む権利もないけれど、もしぼくに許されるのなら、芸術的な面を押し出す必要のない、純粋なエレメント・プログラムをひとつ作ることを提案したい。このプログラムでは、音楽に乗せて滑らなくてはいけないが、芸術的な面を醸し出そうと努力する必要はなく、エレメントだけを見せてくれればいい。そして、そのすべてのエレメントを採点するのだ。2つめのプログラムでは、好きなことを何でも自由に滑ることができる。そして、演技全体に対してひとつの点数が与えられる。こちらでは完全に自由だ。ひとつはよりテクニック的なプログラム、もうひとつはより芸術的なプログラムということになる。これが本当にいいアイディアかどうかはわからない。でも、エレメン

トを要求することも重要だと思うけれど、同時に自由であること、芸術的な面を見せられることも重要だとぼくは思う。

「アート・オン・アイス」

次はショーについて話そう。

「アート・オン・アイス」が、ぼくのホームショー。素晴らしいショーだ。

初めて「アート・オン・アイス」に出演したのは2003年だった。ぼくは「マジック・ストラディヴァリウス」を滑った。このショーの特色はスケーターとミュージシャンがライヴで共演することにある。ライヴ・ミュージックがショーを特別なものにしてくれる。ミュージシャンも、歌手も、スケーターも、ダンサーも、すべてがライヴ。あらゆる意味で、ショーが生きているのだ。こうしてアートの世界すべてが一体となるのを見るのはとても興味深いことだと思う。「アート・オン・アイス」とともにショースケーターとしてスタートできたのは、本当に素晴らしい経験だった。初めて出演した2003年から今日までぼくは毎年「アート・オン・アイス」で滑り、これまでアナスタシア、キャサリン・ジェンキンス、リサ・スタンスフィールドたちと共演している。

プログラムは「アート・オン・アイス」のために特別に作られる。参加するアーティストの音楽から何曲かを受け取って、そのなかからぼくが好きな1曲を選ぶ。ぼくはサロメと1週間くらいかけて一緒に振付を作っていく。その後、何ヵ月かプログラムを寝かせ

オリヴァー・ヘーナー。
「アート・オン・アイス」を1995年に創設
©Japan Sports

ておいて、時間があるときに練習し、ショーの10日前からは「アート・オン・アイス」のために集中的に練習する。そんな感じで準備していく。

「アート・オン・アイス」のプロデューサーの1人がオリヴァー・ヘーナー。彼はぼくのエージェントでもある。オリヴァーもかつて男子シングルのスイス・チャンピオンで、ミスター・グルッターの生徒だった。ただ、彼が選手だったころぼくは小さかったので、オリヴァーの演技を見たことはないのだけれど。

「アート・オン・アイス」はチューリヒとローザンヌで公演が行われるのだが、この2つはまったく違うショーだ。まずアイスリンクの大きさが違う。ローザンヌのステージは小さいが、観客はとても温かい。何よりも空気が違う。ローザンヌの空気はより親密だ。ショーのクオリティもとても高い。いっぽうチューリヒは、フィギュアスケートの世界でもっとも大規模なショーだ。すべてが素敵に感じられる。両方で滑ることができるのが素晴らしい。ぼくにはこの両方が必要なのだ。

　ぼくはつねに観客の記憶に残るような演技をしたいと思っている。何かを残せたのかどうかは自分ではわからない。でも、1人でも気持ちよく家路につくことができる人がいれば、それだけでもぼくは幸せだ。

ミスター・マカベ

　ぼくは日本ではいつもアイスショーのプロデューサー、真壁喜久夫氏と仕事をしている。「ファンタジー・オン・アイス」「ドリーム・オン・アイス」などの

彼のショーで、ぼくはいつも滑ってきた。真壁さんが「ドリーム・オン・アイス」に初めて招いてくれたのが2006年。真壁さんが素晴らしいのは、彼のプロフェッショナリズムだ。彼は正直で誠実な人。仕事をする上では、そのことがとても大事だ。正直でない人とは仕事をすることはできないし、その場合きっといつの日かひどいことが起きるだろう。しかし、ぼくの知る真壁さんは、ぼくが彼に何かを頼んだり、彼がぼくに何かを頼んだりしたときに、すぐイエスかノーの答えが出る。くねくねとはっきりしないような状況には決して陥らないのだ。ぼくは真壁さんとの関係をずっと大切にしていきたいと思っている。

真壁喜久夫プロデューサーと
©Japan Sports

荒川静香との共演

女性スケーターでは、ぼくはミシェル・クワン、カロリーナ・コストナー、スザンナ・ポイキオ、サーシャ・コーエン、ニコール・ボベック、荒川静香が好きだ。ぼくが彼女たちを好きなのは、みんな素晴らしいパーソナリティの持ち主だから。それぞれ強い個性を持っている人たちだ。

ぼくは2010年、新潟と福井の「ファンタジー・オン・アイス」で荒川静香と一緒に滑ることができた。これは特別なコラボレーションだったと思う。ぼくたち2人はまったくタイプが違うスケーターだし、これまで一緒に滑ったこともなかった。ところがやってみたら、面白いことにとてもうまくいったのだ。

もともとはアメリカのテレビ番組の企画だった。これまで共演したことのないスケーター同士を組ませよ

うというもの。振付も HI-HAT というヒップホップのコリオグラファーで、初めての相手だった。ビヨンセの音楽「Get Me Bodied」もコリオグラファーのチョイスだった。ぼくはひとつのタイプの音楽に限定するつもりはないし、つねにオープンでありたい。新しい音楽を聴き、その音楽のメッセージを感じ取るのが好きなのだ。

このナンバーはショーでも滑るようになり、静香と共演を重ねるごとにさらにお互いを感じることができるようになった。氷の上にいるときも氷から離れたときも、ぼくたちはお互いを思いあっているし、彼女の隣で滑るのはとても心地いい。お互いに何かを与えあえている感じなのだ。とても響き合うものがある。ぼくたちは信じるものを共有しているのだと感じる。

髙橋大輔、デニス・テンへの振付

ぼくの未来にはまだたくさんの時間がある。自分の身体が許す限り、ぼくは自分のスケートを楽しみたいと思っている。ジャッジやテクニカル・スペシャリストのような仕事には興味がない。ぼくはむしろ振付をしたい。ぼくはアクティヴでありたいのだ。もっとも面白いのはスケートをクリエイトする時間、プログラムを制作する時間だと思うから。

おそらくもっと経験を積んだら、コーチもやってみたいと思う。でも、いまは自分もショーで滑りながら、スケーターの手助けをしたい。いまは手助けする時間はあっても、責任をもって彼らの面倒を見るだけの時間は残念ながらぼくにはない。コーチになった

2010年アート・オン・アイス ©M.Sugawara / Japan Sports

ら、フルタイムで自分の生徒の面倒を見なければならないのだ。

　2010/2011年シーズン、ぼくは髙橋大輔とデニス・テンのプログラムを振付けた。

　何年か前にもミスター・グルッターの教え子の女の子に振付けたことがあった。それがコリオグラファーとしての最初の経験。でも、この2人への振付はもっとオフィシャルなものだ。

　大輔は仲のよい友人だ。競争相手としてぼくたちはずっと戦ってきたが、彼はいまも現役を続けている。ぼくはできる限り彼を助けたいと思った。大輔には「ぼくの助けが必要なら、喜んで手伝うよ」と話していた。何か期待したわけではなく、ぼくはただスケーターとしての大輔を尊敬していたから、そう話しただけだった。だから、彼のエージェントから「大輔がスイスに来て一緒に練習をしたがっている」とメッセージをもらったときはうれしい驚きだった。ぼくにあったのは、彼に何かを手渡したいというポジティヴな思いだけ。ぼくがしたいのは、フィギュアスケートをオープンマインドにするという挑戦であり、このコラボレーションを続けることだった。

　彼にはSPとエキシビション・ナンバー「アメリ」をチューリヒで振付けた。ぼくはSPの候補として2曲を選んで彼に提案した。グリーグ「ペール・ギュント」と「アメリ」。彼は「ペール・ギュント」をSPに選び、ぼくたちはすばやく振付を仕上げた。一緒に練習していてわかったのは、彼が優れた観察者であるということ。理解がとても早い。驚いたことに、1週間後には観客の前でこのプログラムを見せられるまでに

なっていた。ぼくには自分がそれだけの短時間で準備ができるとは思えない。彼には動きをすばやく理解するとても高い能力があるのだ。時間が余ったので、「『アメリ』の音楽でもプログラムを作ってみないか」と、ぼくたちは２つめのアイディアでエキシビション・ナンバーを作った。チューリヒでは鏡のように向かい合って「アメリ」を一緒に滑った。いつかショーで一緒にやりたいと思う。2人で滑ったら本当にダイナミックなプログラムになるから。

　大輔に振付けたのは、カザフスタンから戻った直後だった。カザフスタンではデニスの振付をしていた。彼のSP「ブエノスアイレスの春」だ。カザフスタンでの交流ではとても得るものがあって、ぼくの頭はアイディアでいっぱいだった。

　カザフスタンに行くのはこれが初めてだった。ぜひまた行ってみたい。とても興味深い国だ。人々のメンタリティも素晴らしい。とても不思議だったのは、人々の顔はアジア系なのに、話し出すと言葉はロシア語だったこと。これには驚いたけれど、滞在をとても楽しんだし、デニスと滑るのも本当に楽しかった。大輔とデニス、２つのまったく異なる経験だ。デニスが若い世代に属するということもあるのかもしれない。彼には素晴らしい才能がある。スケーターとして質の高いものを持っているし、情熱とエモーションに満ちていて、自分を表現することもできる。ぼくは彼が素晴らしいキャリアを送れるように願っている。

　振付けた選手のキス＆クライに同席したらどうかとよく言われる。しかし、試合のキス＆クライでは選手はとても近しい人間にそばにいてほしいものだ。ぼ

2007年世界選手権でのインタビューにて　©N.Tanaka/Japan Sports

くがデニスや大輔と親しいかどうか、自分ではわからない。彼らと練習するとき、ぼくは自分のエネルギーを全部彼らに差し出すだろう。でも、キス＆クライのように氷上に近い場所には、選手が毎日会っている人間が必要とされると思う。その選手が心から信頼している相手だ。ぼくにサロメやミスター・グルッターがいたように。もしも彼らが信頼できる人間としてぼくを必要とするならば、ぼくは喜んでリンクに行って彼らを応援したいと思う。

未来へのヴィジョン

　大勢の人がフィギュアスケートは女性のスポーツだと思っている。フィギュアスケーターとしてのぼくの目標は人々の心を変えること、芸術的だから女性

116

的だということはないんだと心を開かせたい。芸術的であると同時に男性的であることもできる。それが普通なのだ。多くの人は違うふうに考えているが、それは残念なことだ。ぼくたちはオープンマインドな人間であり、たぶんマイノリティなのだ。だから、ぼくたちはこの少数派を少しでも増やしていかなくてはいけない。これがぼくのチャレンジ。フィギュアスケートがスポーツとしてのイメージをきちんと持てるように手助けすること。女性のためのものとか、男性のためのものとか、そんなことは関係ない。ぼくはスケーターたちがこの方向に向かって仕事ができるように手助けしたい。毎日毎日、そのために努力している。

　もちろんぼくはフィギュアスケートの世界に留まるつもりだ。ぼくはその精神のなかで生まれたのだし、これからもここにいたいと思っている。けれど、ぼくは同時に別のかたちでも自分自身を表現したいとも思っている。たぶん舞台の上で。ぼくは踊ってみたいし、演技をしてみたいし、歌ってみたい。舞台で自分を表現する機会が持てるようだったら、ぜひやってみたい。ぼくはその経験から学んだものをまた自分のスケートに生かすことができるだろう。　　◆

ぼくが愛するプログラム10

どのプログラムにも忘れられない思い出がある――ぼくが選んだ珠玉のプログラムを紹介します。

「I'm a-doun for lack o'Johnnie (A Little Scottish Fantasy)」

（SP　03/04年シーズン）
音楽：スコットランド民謡（演奏：ヴァネッサ・メイ）
振付：サロメ・ブルナー

　このヴァネッサ・メイの演奏を使ったプログラムが好きだ。一種の自由を感じたのだ。この自由のスピリットをとても気に入っている。リンクでこのプログラムを練習するたびに新鮮な空気を感じ、その空気がぼくに自由を運んでくれた。このプログラムを滑るのは本当に楽しかった。

　音楽は自分で選んだ。サロメに聴かせると彼女もとても気に入ってくれ、ぼくたちはこのプログラムを作ることに決めた。音楽はスコットランドの民謡。とても力強く、たくさんの新鮮な空気を運んでくれる。とても心動かされる音楽。ぼくにたくさんのエネルギーを与えてくれたプログラムだ。

「I'm a-doun for lack o'Johnnie」（2004年世界選手権）
© M. Sugawara / Japan Sports

「You're beautiful」

（EX　05/06年シーズン）
音楽：ジェイムス・ブラント　振付：サロメ・ブルナー

　これはエキシビション・ナンバーとして滑ったものだ。トリノ・オリンピックでも滑ったと思う。振付はサロメと一緒にやった。

　ぼくはこの歌が本当に好きだ。当時はあまり有名でなく、誰もこの歌を知らなかった。でも、ぼくは100回くらい聴いていたと思う。パフォーマンスの間も、滑りながらぼくは歌っていた。そのくらい大好きだったのだ。でも、大ヒットしてからはこのナンバーを滑るのを止めた。この音楽を聴くことができなくなったのだ。いたるところでいつもこの歌が聞こえていて、「もう音楽を止めてくれ」という感じになってしまった。

　でも、いまはもう大丈夫だ。

「You're beautiful」（2006年トリノ冬季オリンピック）
© M. Sugawara / Japan Sports

118

MY 10 FAVORITE PROGRAMS

「四季」

(FS　05/06 年シーズン)
音楽：ヴィヴァルディ (演奏：ナイジェル・ケネディ)
振付：サロメ・ブルナー

　この"ゼブラ"はぼくにとって特別なプログラムだ。ずっと抱いていた大きな夢だった。姉がまだスケートをやっていたころ、彼女もこの「四季」で滑っていた。姉は 14 歳でスケートを止めたけれど、彼女がスケートをやっていたから、ぼくもスケートを始めたのだ。だから、ぼくはこの曲を使いたかった。この「四季」は姉に捧げたプログラム。この音楽をオリンピック・シーズンに選んだのはそのためだ。

　何度も音楽を聴いて、ぼくは想像した。そして、ひらめいた。このゼブラというファンタスティックなキャラクターのすべてを。

　衣装のアイディアを考えたのもぼくだ。ぼくが衣装の製作者に頼んだ。ぼくがいちばん好きな衣装だと思う。リンクに降り立ったとき、とても不思議な感じがした。ぼくが自分で直接デザイナーのところに行って話したので、誰もぼくの衣装のことを知らない。コーチですら知らなかった。最初の日、衣装をつけてリンクに行ったら、みんな驚いた。自分の見ているものが信じられないようだった。ぼくは「これがぼくのストーリーなんだ」と説明して、「ぼくを信じて、信頼してほしい」と話した。

　ぼくが思い描いたのは、とても風変わりな物語だ。ヴィヴァルディの「四季」を聴いているとき、音楽のなかに馬の姿が見えた。馬がものすごい速さで走っているのが聞こえたのだ。ただ、ぼくは馬よりもエキゾティックな動物にしたかった。それでゼブラのことが思い浮かんだ。サバンナでゼブラを好むものはいない。アフリカでも弱い生き物だ。しかし、弱い生き物も強くなることができるとぼくは思う。それで、もしゼブラに羽があればみんなを打ちのめすことができると考えたのだ。ぼくはオウムの色彩を持ったゼブラを想像した。衣装のカラフルな色彩はオウムから来ている。その羽根でもって彼は自分の行きたいところに飛んでいくことができるのだ。彼はあらゆる世界を訪れることができる。氷の上さえも。そういうファンタスティックな物語だ。ぼくのもっとも好きなプログラムのひとつ。たぶんトップ 3 に入ると思う。

「四季」(2005 年グランプリファイナル) © M. Sugawara / Japan Sports

「ドラリオン」
(SP　05/06年シーズン)
音楽：シルク・ドゥ・ソレイユ　振付：サロメ・ブルナー

「ドラリオン」は衣装が好きだし、音楽が好きだ。振付はサロメと一緒にやった。音楽を選んだのは自分。ぼくが滑るのは、ジプシーと怪物の中間にいるキャラクターだ。とても変わった動きのある、とてもいいプログラムだと思う。すごく楽しんで滑った。

「ポエタ」
(FS　06/07年シーズン)
音楽：ビンセンテ・アミーゴ　振付：アントニオ・ナハーロ

「ポエタ」はとても難しいプログラムだ。このプログラムのためには他よりもたくさん練習をしなくてはならなかった。とりわけオフ・アイスでの練習だ。鏡の前で腕の動きをかなり練習したし、フラメンコのスピリットを感じるために、アントニオと一緒に、スペインにフラメンコのショーを見にも行った。フラメンコのバルやタブラオ

「ドラリオン」(2006年トリノ冬季オリンピック)
© M. Sugawara / Japan Sports

にも行った。フラメンコの伝統についても多くを学んだ。手の動きについて、すべてをぼくは学んだのだ。

　アントニオとの仕事は本当に楽しかった。素晴らしい経験だったと思う。音楽に対して、そしてその音楽とともにぼくが何ができるか、彼は素晴らしいヴィジョンを持っていたのだ。

　フラメンコを氷上に再現するのは簡単なことではなかった。フラメンコはたんなるダンスであるだけでなく、スピリットでもあるから。ステップに空気を加えなければいけない。このスピリットを移し替える方法をアントニオはぼくに教えてくれた。ぼくは氷上で同じ空気を生み出すことができたと思う。

　ぼくの後、多くのスケーターが「ポエタ」のようなプログラムを滑ろうとした。たとえば、素敵なデザインのバッグが出ると、みんながほしがってたくさんのコピー品が出回ってしまうのと同じだ。ぼくのオリジナルがよかったということだから、そのことをぼくは誇りに思う。

「ポエタ」(2007年世界選手権) © N.Tanaka / Japan Sports

「『ロミオとジュリエット』愛のテーマ」

(EX 07/08年シーズン)
音楽：ニーノ・ロータ（歌：ジョシュ・グローバン）
振付：サロメ・ブルナー

　ジョシュ・グローバンの「Un Giorno Per Noi」（『ロミオとジュリエット』愛のテーマ）は、ぼくにとって最初のドラマティックなプログラムだ。ぼくは白い薔薇と踊る。この薔薇はジュリエット――。ジュリエットは死んでしまった。ぼくはこの薔薇のなかにいるジュリエットのスピリットと滑っているのだ。ぼくの衣装がすべて黒なのは、死を表している。プログラムの最後、ぼくは彼女とともに死ぬ。これを滑っているときは、いつもとても心が揺さぶられる。演じていて心からうれしいと思える作品だ。

　あの薔薇の花はサロメがくれた。振付のとき薔薇の花がほしいとぼくが言ったら、「素敵な薔薇が手に入る場所を知っているわ」と彼女。それからサロメは特製の箱をもってぼくのところに来た。そして、「大事に使ってね」と言って渡してくれたのだ。だから、ぼくはこの造花をどこにでも持っていく。でも、1度だけ忘れてしまったことがあって、そのときはプログラムの最後、ぼくは本物の薔薇を差し出すことになった。

「『ロミオとジュリエット』愛のテーマ」（2007年カップ・オブ・ロシア）© N. Tanaka / Japan Sports

「イン・ユア・アイズ」

(2010年「アート・オン・アイス」)
音楽：アナスタシア　振付：サロメ・ブルナー

　この年の「アート・オン・アイス」はとても気に入っている。歌ってくれたアナスタシアがとても素晴らしい人だったからだ。

　「アート・オン・アイス」では毎年素晴らしいライヴ・ミュージックがある。ただ、ぼくたちがアーティストと親しく接することはこれまでなかった。氷の上にいるときはもちろん問題ない。演奏は素晴らしいし、いい関係を保っている。しかし、アナスタシアはそれだけではなかった。彼女はぼくたちのところにやってきてくれ、とてもいい時間を共有することができたのだ。おかげで彼女のことをよく知ることができた。

　「イン・ユア・アイズ」はアナスタシアの音楽のなかからぼくが選んだ。いちばん有名な曲ではなかったけれど、ぼくは「イン・ユア・アイズ」がとても気に入った。というのも、詩の意味するものがとても好きなのだ。そこには何かがある。この歌にとても強い結びつきを感じたのだ。

　ライヴ・ミュージックでこの作品を滑ることは、ぼくにとって素晴らしい瞬間だった。滑りながら、ぼくはアナスタシアを感じていた。彼女はぼくと一緒に声で滑っていたのだ。彼女が歌うことでぼくが動き、ぼくが動くことで彼女が歌う。そんな感じだった。プログラムのビデオ映像を見たとき、ぼくは驚いた。彼女はぼくの動くのを待ち受け、ぼくは彼女の歌うのを待ち受けているかのようだったから。素晴らしいコラボレーションだった。だから、このプログラムには満足している。

「イン・ユア・アイズ」
Picture Erwin Züger/© 2010 Art on Ice Production AG
www.artonice.com

「Ne me quitte pas」
(EX　09/10年シーズン)
音楽：ジャック・ブレル　振付：サロメ・ブルナー

　歌詞がある場合、歌詞に耳を傾けるのも重要だとぼくは思っている。歌詞がなければ、自分が望むようにしていい。自分自身の意味を書き込んでいいのだ。でも、歌詞がある場合、その歌詞を用いるべき。ぼくがいつも考えているのは、歌詞について語ることだ。「Ne me quitte pas」の場合は、フランス語を解さない人が多いからそれが難しい。だから、ぼくがやろうとしたのは、自分の動きで歌詞の意味を人々に説明することだった。ジャック・ブレルの言葉が意味する通りに動いていたい。それがぼくの挑戦だった。

　「Ne me quitte pas」はぼくが演じたもっともドラマティックなプログラムだ。この歌のなかでブレルは言う。「行かないで (Ne me quitte pas)」と。まだ愛は終わっていないのだ。ぼくはこの歌詞をぼくのステージへの愛として使いたかった。ぼくが怪我に苦しんでいたときだったから。ステージに対して「どうか行かないで」という気持ちだったのだ。

　「どうか行かないで。ぼくにはあなたが必要なんだ。ぼくはステージに立つことが必要なんです」

　怪我とステージをめぐるぼくの内面の葛藤

「Ne me quitte pas」(2010年バンクーバー冬季オリンピック)
© N. Tanaka / Japan Sports

だったのだ。ぼくはステージから離れたくなかった。ぼくにはまだそこにいる必要があった。そして、いまのぼくはその悩みを解決できている。体の調子も健康そのものだ。

「椿姫」
(FS　09/10年シーズン)
音楽：ジュゼッペ・ヴェルディ　振付：サロメ・ブルナー

　「椿姫」は父の好きな音楽でもある。ぼく自身、このワルツを滑るのは好きだ。とてもいいリズムなのだ。ぼくがワルツのリズムで滑るのが好きなのは、それがスピードや回転の感覚を与えてくれるからだ。この音楽を氷の上で聴いていると、とても気持ちがいい。ぼくには気持ちよく滑れるものが必要で、それがこのプログラムにはある。

　ぼくはオペラ『椿姫』が好きだ。サロメとミスター・グルッターと一緒にチューリヒ歌劇場にも見に行った。見ることができてうれしかった。というのも、シーズンの始め、ぼくがサロメと振付をしたとき、ぼくたちにはひとつのヴィジョンがあった。それがぼくらの見たオペラのヴィジョンからそれほど離れていないことがわかったからだ。

　舞踏会に行くと、みんなが踊っている。それがプログラムの真ん中あたりだ。ぼくは踊る相手を探していて、ついにパートナーを見つけて一緒に踊る。ぼくたちは一緒に踊ることを喜ん

122

でいる。これはぼくがオペラを見ていて感じたもの。踊ることの喜びをぼくは感じたのだ。椿姫の死や悲痛な感情はぼくのプログラムにはない。オペラでは最後、彼女は愛を手にできずに死んで行くが、このプログラムでは舞踏会の部分がメイン。プログラムのなかでぼくは恋している。情熱を持ち、踊りたがっているのだ。

　この音楽は特別にオリンピック・シーズンのために取っていたわけではない。「ブエノスアイレスの秋」を滑っていて、音楽に疲れてしまったときがあったのだ。「ブエノスアイレスの秋」はとても力強い音楽だ。ほぼ2年間すべてのショーでこのプログラムを滑ってきて、ぼくはオリンピックに向けて何か新しいものがほしくなった。それで「椿姫」を聴いて、これこそぼくに必要なものだと思った。情熱的で、フレッシュで、心を打つものがあり、スピードもある。これこそぼくが必要とするものだった。

　バンクーバー・オリンピックの後、4月に大阪の「ダイヤモンド・アイス」で滑ることができてとてもうれしかった。じつはこのときのぼくはとても疲れていた。その前にストックホルムのショーに出ていたのだけれど、それがちょうどぼくの誕生日だった。それで親友たちがぼくにサプライズのバースデイ・パーティーを開いてくれたのだ。翌日、ぼくは日本へ飛び立った。そして空港に着くと、そのままショーに出るためにリンクに直行した。ぼくは死にそうに疲れていた。眼が乾いて赤くなっていたので、目薬を差したほどだ。「ウィリアム・テル」か何か、「椿姫」より楽なものを滑ろうと思っていた。ところが、プロデューサーの真壁さんはぼくに「椿姫」を滑ってほしいと言った。最初ぼくは「それは無理です」と答えた。ほとんど寝ておらず、空港からリンクに直行したのだから。最後に「椿姫」を滑ったのはオリンピックで、それから6週間も「椿姫」の練習はしていない。この状況を想像できるだろうか？　それでもぼくは滑った。そうしたら、オリンピックのときよりもうまく滑れたのだ！　あのときは毎日練習していたし、毎日きちんと寝ていたのに……。

　大阪でのショーは素晴らしい時間だった。「椿姫」は韓国のショーでも滑ったが、それもよかった。このプログラムはショーのためにキープしておきたいと思っている。滑るのが楽しく、この音楽が好きだから。

「椿姫」（2010年ダイヤモンド・アイス）© N. Tanaka / Japan Sports

「Let The Good Times Roll」
〈EX　09/10 年シーズン〉
音楽：レイ・チャールズ　振付：サロメ・ブルナー

　歌詞の通り、「Good Times」ということがぼくの言いたいこと。ここから「良い時」が始まるのだ。選手としてのキャリアを終えたが、ぼくは自分のなしえたことに誇りを持っている。後悔はない。ぼくはとても幸運な男だ。素晴らしい両親がいて、健康にも恵まれ、自分の仕事を愛している。ぼくの仕事はたんなる仕事ではない。ぼくの情熱そのものだ。ぼくはただ観客に見せたかったのだ。ぼくがいまスケートによってどんなに楽しい時間がもらえているかを。

　レイ・チャールズの音楽を選んだのはぼくだ。何かファンキーな音楽がほしかった。ぼくがこの曲を気に入ったのは、音楽のなかにさまざまなヴァリエーションがあるから。それに、この音楽のなかにあるインタラクション（相互作用）が好きだ。レイ・チャールズの観客への対応の仕方は彼独特のものだった。「こっちへ来て楽しもう。年を取っていたっていいじゃないか。立ち上がって踊ろうぜ」という感じ。ぼくはこうした雰囲気が好きだ。

　振付はとてもオープンで、フリースタイルのような感じだ。サロメと振付けていたとき、彼女がぼくに言ったのは「厳密でなくていい」ということだった。腕も動くままに動けば、それでいい。ジャケットを脱ぐ方向も今日がこっちなら、明日は向こうでもかまわない。毎回違うふうに感じるのだ。毎日の生活が違うように。だから、このパフォーマンスがユニークなものになる。

　ぼくがファンキーなプログラムを滑ったことに驚いた人もいたかもしれない。でも、いまのぼくにはこれが必要なのだと思う。軽いというのではないけれどポジティヴな気持ちが必要だった。ぼくがリリカルな人間だということはわかっている。リリカルなプログラムを滑るのが好きだし、ぼくはまたそこに戻るだろう。でも、新しいものも試してみたかったし、ぼくはこのプログラムを演じるのがとても気に入っている。

「Let The Good Times Roll」（2010 年ファンタジー・オン・アイス）© N. Tanaka / Japan Sports

PROGRAMS

1999/2000
- SP 「ラ・クンパルシータ」(ザビア・クガート)
- FS 「トリトン」(ジョセフ・ラカイユ)

2000/2001
- SP 「ラ・クンパルシータ」(ザビア・クガート)
- FS 「トリトン」(ジョセフ・ラカイユ)

2001/2002
- SP 「プエルポ・アル・スール」(ゴタン・プロジェクト「Revancha del Tango」より)
- FS 「キダム」(シルク・ドゥ・ソレイユ)
- EX 「ボーン」(ボンド)

2002/2003
- SP 「Laissez-moi me griser」(モリス・エル・メディオーニ/オーケストラ・サロン・オリエンタル)
- FS 「ショコラ」(レイチェル・ポートマン)
- EX 「マジック・ストラディヴァリウス」(エドウィン・マートン)
  「La vie fait ce qu'elle veut」(ジュリー・ゼナティ)

2003/2004
- SP 「オブジェクション」(シャキーラ「オブジェクション」テクノ・ミックス)
  「I'm a-doun for lack o'Johnnie (A Little Scottish Fantasy)」(ヴァネッサ・メイ)
- FS 「Zabuca」(ヨハネス・リンステッド) & 「Loving Paris」(『ブッダ・バーⅣ』より)
  「ジプシー・ダンス」(エドウィン・マートン)
- EX 「Take the Long Way Home」(スーパートランプ)

2004/2005
- SP 「スパニッシュ・キャラヴァン」(ジョージ・ウィンストン)
- FS 「トゥルーマン・ショー」(フィリップ・グラス&ブルクハルト・ダルウィッツ)
  「キング・アーサー」(ハンス・ジマー)
- EX 「星は光りぬ (トスカ)」(フローラン・パニー)
  「Killer」(シール)
  「ビリー・ジーン」(マイケル・ジャクソン)
  「オセアニア」(ビョーク)

2005/2006
- SP 「マラゲーニャ」(『レジェンド・オブ・メキシコ/デスペラード』より)
  「ドラリオン」(シルク・ドゥ・ソレイユ)
- FS 「四季」(ヴィヴァルディ/ナイジェル・ケネディ)
- EX 「You're beautiful」(ジェイムス・ブラント)
  「I don't wanna be」(ギャヴィン・デグロウ)
  「If I hadn't got you」(リサ・スタンスフィールド)
  「フィックス・ユー」(コールドプレイ)

2006/2007
- SP 「Geissel Drama」(クリスティーネ・ラウタープルク)
  「ブラッド・ダイヤモンド」(ジェームズ・ニュートン・ハワード)
- FS 「ポエタ」(ビンセンテ・アミーゴ)
- EX 「フィックス・ユー」(コールドプレイ)
  「ニュー・シューズ」(パオロ・ヌティーニ)
  「ステイン・アライブ」(ビージーズ)

2007/2008
- SP 「Carne Cruda」(アンサンブル・ヌエボ・タンゴ)
- FS 「ポエタ」(ビンセンテ・アミーゴ)
- EX 「『ロミオとジュリエット』愛のテーマ (Un giorno per noi)」(ジョシュ・グローバン)
  「Gimme Sexy Back」(ブリトニー・スピアーズ/ジャスティン・ティンバーレイク)
  「Father and Son」(ローナン・キーティング)

2008/2009
- SP 「サマータイム」(ジョージ・ガーシュイン)
- FS 「ブエノスアイレスの秋」(アストル・ピアソラ/アンサンブル・ヌエボ・タンゴ)
- EX 「ロミオとジュリエット」愛のテーマ (Un giorno per noi)」(ジョシュ・グローバン)
  「Freak like me」(シュガーベイブス)
  「汚れなき愛」(ポール・ヤング)

2009/2010
- SP 「ウィリアム・テル序曲」(ジョアキーノ・ロッシーニ)
- FS 「ブエノスアイレスの秋」(アストル・ピアソラ/アンサンブル・ヌエボ・タンゴ)
  「椿姫」(ジュゼッペ・ヴェルディ)
- EX 「Ne me quitte pas」(ジャック・ブレル)
  「イン・ユア・アイズ」(アナスタシア)
  「Get Me Bodied」(ビヨンセ)
  「Let The Good Times Roll」(レイ・チャールズ)

2010/2011
- EX 「Bring Me To Life」(キャサリン・ジェンキンス)
  「ラスト・ダンス」(ドナ・サマー)
  「Don't Stop the Music」(ジェイミー・カラム)
  「プレリュード ト短調 (Op. 23, No. 5)」(セルゲイ・ラフマニノフ)

RESULTS

1997/1998	スイス・ジュニア選手権　1位
1998/1999	ジュニア・グランプリシリーズ　北京大会 (中国／北京)　8位
	ジュニア・グランプリシリーズ　サン＝ジェルヴェ大会 (フランス／サン＝ジェルヴェ)　8位
	スイス・ジュニア選手権　1位
	ヨーロッパ・ユース・オリンピック・ウィンター・フェスティバル (スロヴァキア／ポプラト)　2位
1999/2000	ジュニア・グランプリシリーズ　"ビルエッテン" (ノルウェー／ハーマル)　7位
	ジュニア・グランプリシリーズ　SBC杯 (日本／長野)　3位
	世界ジュニア選手権 (ドイツ／オーベルストドルフ)　10位
2000/2001	ジュニア・グランプリシリーズ　サン＝ジェルヴェ大会 (フランス／サン＝ジェルヴェ)　9位
	ジュニア・グランプリシリーズ　メキシコシティ大会 (メキシコ／メキシコシティ)　2位
	スイス選手権 (シニア)　1位
	世界ジュニア選手権 (ブルガリア／ソフィア)　5位
	ヨーロッパ選手権 (スロヴァキア／ブラティスラヴァ)　9位
2001/2002	フィンランディア・トロフィー (フィンランド／ヘルシンキ)　11位
	グランプリシリーズ　トロフィー・ラリック (フランス／パリ)　6位
	スイス選手権　1位
	ヨーロッパ選手権 (スイス／ローザンヌ)　4位
	ソルトレイクシティ冬季オリンピック (米国／ソルトレイクシティ)　15位
	世界選手権 (日本／長野)　18位
2002/2003	"氷上のエトワール" (フランス／パリ)　1位
	オンドレイ・ネペラ・メモリアル (スロヴァキア／ブラティスラヴァ)　1位
	スイス選手権　1位
	ヨーロッパ選手権 (スウェーデン／マルメ)　5位
	世界選手権 (米国／ワシントンDC)　10位
2003/2004	グランプリシリーズ　カップ・オブ・ロシア (ロシア／モスクワ)　5位
	スイス選手権　1位
	ヨーロッパ選手権 (ハンガリー／ブダペスト)　6位
	世界選手権 (ドイツ／ドルトムント)　4位

2004/2005　スイス選手権　1位
　　　　　　ヨーロッパ選手権（イタリア／トリノ）　4位
　　　　　　世界選手権（ロシア／モスクワ）　1位

2005/2006　スイス選手権　1位
　　　　　　グランプリシリーズ　カップ・オブ・ロシア（ロシア／サンクト・ペテルブルグ）　2位
　　　　　　グランプリシリーズ　カップ・オブ・チャイナ（中国／北京）　2位
　　　　　　グランプリファイナル（日本／東京）　1位
　　　　　　ヨーロッパ選手権（フランス／リヨン）　2位
　　　　　　トリノ冬季オリンピック（イタリア／トリノ）　2位
　　　　　　世界選手権（カナダ／カルガリー）　1位
　　　　　　ジャパンオープン2006（日本／埼玉）　欧州チーム3位

2006/2007　グランプリシリーズ　スケートカナダ（カナダ／ヴィクトリア）　1位
　　　　　　スイス選手権　1位
　　　　　　世界選手権（日本／東京）　3位

2007/2008　グランプリシリーズ　カップ・オブ・チャイナ（中国／ハルビン）　3位
　　　　　　グランプリシリーズ　カップ・オブ・ロシア（ロシア／モスクワ）　2位
　　　　　　スイス選手権　1位
　　　　　　グランプリファイナル（イタリア／トリノ）　1位
　　　　　　ヨーロッパ選手権（クロアチア／ザグレブ）　2位
　　　　　　世界選手権（スウェーデン／ヨーテボリ）　5位
　　　　　　ジャパンオープン2008（日本／埼玉）　欧州チーム2位

2009/2010　ネーベルホルン・トロフィー（ドイツ／オーベルストドルフ）　1位
　　　　　　ジャパンオープン2009（日本／埼玉）　欧州チーム1位
　　　　　　スイス選手権　1位
　　　　　　ヨーロッパ選手権（エストニア／タリン）　2位
　　　　　　バンクーバー冬季オリンピック（カナダ／バンクーバー）　4位

左から：2005年世界選手権／ 2005年グランプリファイナル／ 2006年トリノ冬季オリンピック
／ 2006年世界選手権／ 2007年世界選手権／ 2007年グランプリファイナル
Photos © M.Sugawara/Japan Sports

ステファン・ランビエル
Stéphane Lambiel

1985年4月2日、スイス・マルティニ生まれ。7歳でフィギュアスケートを始め、ペーター・グルッター・コーチのもとで選手として頭角を現す。高い技術だけでなく、深い表現力を備えたパフォーマンスが、競技を超えた感動を見る者に与え、高い人気を博す。2005年、2006年、世界チャンピオン。2006年、トリノ冬季オリンピック銀メダリスト。2010年、バンクーバー冬季オリンピックを最後に、惜しまれながらも競技から引退。現在はショースケーターとして世界中で活躍し、人々に感動を届けている。

www.stephanelambiel.com

ステファン・ランビエル

2011年7月14日　第1刷発行

著　者	ステファン・ランビエル
写　真	有限会社 ジャパンスポーツ（菅原正治、田中宣明、高橋学）
装　丁	SDR（新書館デザイン室）
協　力	株式会社 CIC ／ Art on Ice Production AG
発　行	株式会社 新書館
	〒113-0024 東京都文京区西片2-19-18
	電話 03（3811）2851　FAX 03（3811）2501
（営業）	〒174-0043 東京都板橋区坂下1-22-14
	電話 03（5970）3840　FAX 03（5970）3847
	www.shinshokan.co.jp
印　刷	株式会社 加藤文明社
製　本	株式会社 若林製本工場

本書の写真・記事の無断転載・複製・複写を禁じます。
落丁・乱丁本はお取り替えいたします。
Printed in Japan ISBN 978-4-403-32035-4